# LADY GAGA

# BRANDON HURST

# LADY GAGA

*Tradução:*
Aline Naomi Sassaki

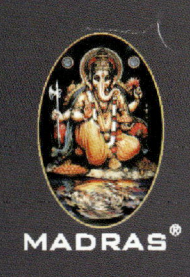

MADRAS®

Publicado originalmente em inglês sob o título *Lady Gaga,* por Artnik Books.
© 2010, Artnik.
Direitos de edição e tradução para todos os países de língua portuguesa.
Tradução autorizada do inglês.
© 2010, Madras Editora Ltda.

*Editor:*
Wagner Veneziani Costa

*Produção e Capa:*
Equipe Técnica Madras

*Tradução:*
Aline Naomi Sassaki

*Revisão da Tradução:*
Bianca Rocha

*Revisão:*
Lara Belinski Rastelli

---

**Dados Internacionais de Catalogação na Publicação (CIP)**
**(Câmara Brasileira do Livro, SP, Brasil)**

Hirst, Brandon
Lady Gaga / Brandon Hirst ; tradução Aline Namomi Sasaki. -- São Paulo : Madras, 2010.
Título original: Lady Gaga.

ISBN 978-85-370-0613-9

1. Gaga, Lady, 1986 – 2. Músicos de pop – Biografia I. Título.

10-07120          CDD-781.66092

Índices para catálogo sistemático:
1. Músicos de pop : Biografia 781.66092

---

É proibida a reprodução total ou parcial desta obra, de qualquer forma ou por qualquer meio eletrônico, mecânico, inclusive por meio de processos xerográficos, incluindo ainda o uso da internet, sem a permissão expressa da Madras Editora, na pessoa de seu editor (Lei nº 9.610, de 19.2.98).

Todos os direitos desta edição, em língua portuguesa, reservados pela

**MADRAS EDITORA LTDA.**
Rua Paulo Gonçalves, 88 – Santana
CEP: 02403-020 – São Paulo/SP
Caixa Postal: 12183 — CEP: 02013-970
Tel.: (11) 2281-5555– Fax: (11) 2959-3090
www.madras.com.br

**Toda minha vida é uma *performance*; preciso aumentar as apostas todos os dias."**

# PREFÁCIO

A fama é um negócio cruel. Pouquíssimas pessoas têm um verdadeiro talento, então isso é um bem escasso e, por consequência, extremamente procurado. Uma indústria pesada foi construída em torno de uma série comparativa de celebridades. Mas o problema é que, para cada pioneiro, há uma centena de outros interessados tentando tirar vantagem do feito – pegando carona nas caudas metafóricas da estrela, aproveitando um pouco da glória refletida por ela e ganhando dinheiro com o sucesso de outra pessoa.

As celebridades confiam em algumas dessas pessoas. Apesar disso, permanecer no topo da carreira requer assistência especializada e julgamento cuidadoso. Quem elas seriam sem os agentes que encontram o próximo trabalho para elas, sem os assessores de impressa que asseguram que a mídia está sabendo onde elas estarão no momento seguinte, sem produtores e empresários que organizam suas vidas e turnês? Não que a cadeia alimentar termine por aí...

Alguns desses assistentes são necessários e bons no que fazem, enquanto outros, medíocres. Alguns são ativamente, se não inconscientemente, prejudiciais ao objeto de seus esforços.

O problema é que qualquer bem escasso é objeto para monopolizadores, e com a fama não é diferente. Os encarregados de fazer negócios no mundo das celebridades também podem, com frequência, tornar-se aqueles que zelosamente os controlam, administrando cada segundo de tempo e cada aparição pública. A natureza da celebridade é ser instável, caprichosa; o que é febre em janeiro pode não ser mais interessante em fevereiro. A imprensa sabe e se beneficia disso, construindo uma nova estrela para os olhos de seus consumidores, e simplesmente a detona quando lhe convém. Não é uma tendência que leva a uma grande segurança de trabalho, e isso vale tanto para a celebridade quanto para as pessoas não talentosas cujo negócio é tirar dinheiro ou prestígio do talento artístico e sucesso dos outros.

A solução que eles geralmente oferecem é controlar e racionar suas mercadorias em estoque, sempre tomando decisões arbitrárias sobre quem tem que tipo de acesso – todas sem o conhecimento das próprias estrelas, que deixaram essas decisões importantes para seus confiáveis e bem pagos conselheiros. O conflito de interesse é óbvio: os encarregados de ajudar a promover a fama de seus empregadores se tornam os porteiros que a obstruem.

Por tudo isso, a única pessoa que não ajudou na produção deste livro foi o assessor de imprensa inglês de Lady Gaga – um título irônico, considerando a desatenção característica em suas respostas às ofertas para publicidade. Então, em vez disso, tivemos de recorrer ao jeito ultrapassado de fazer as coisas, procurando tudo que pudéssemos encontrar sobre esse mais moderno dos ícones. E se essa for uma abordagem que não permite uma imagem favorável ou explicações cuidadosamente roteirizadas de alguns desses incidentes mais estranhos ou de hábitos curiosos de que você ouviu falar... bom, eles não podem dizer que não tentamos. Esta é Lady Gaga: totalmente sem censura. Esperamos que gostem.

# INTRODUÇÃO

O mundo tem um novo ícone. Nos últimos dois anos, Lady Gaga, ainda com seus vinte e poucos anos, fascinou completamente o mundo. Parece não haver limites para essa "unlady" mais incomum das *ladies*, que cresceu com uma rígida educação católica, mas chocou seus amigos e sua família trocando o terço por um pouco de "Bad Romance" e estendendo sua caminhada para o lado selvagem no fim de sua adolescência. Agora, decididamente fora da caixa, fora do armário e quaisquer outras classificações que seus críticos tenham sugerido para ela, não há volta.

Não há dúvidas de que 2010 tem sido o ano de Lady Gaga. Nas primeiras poucas semanas da nova década, ela levou dois Grammys e não menos que três Brit Awards. Na 52ª edição do Grammy, a musicista *glam* – que cita Britney Spears como uma influência, assim como Freddie Mercury e David Bowie – foi indicada em três categorias: Música do Ano, Gravação do Ano e Melhor Gravação Dance.

Um ano antes, o single "Just Dance", de seu primeiro álbum, *The Fame*, havia sido indicado na categoria de Melhor Gravação Dance, mas, no final, perdeu para a música "Harder, Better, Faster, Stronger", do duo francês Daft Punk. Dessa vez, nada poderia atingi-la – especialmente nada que soasse como propaganda para papel higiênico. Vestindo três roupas diferentes ao longo da noite, uma mais excêntrica e estranha que a outra, ganhou o prêmio de Melhor Gravação Dance para o single "Poker Face", uma música que trata dos temas bissexualidade (a de Gaga) e da natureza do tipo "cartas na mão" do jogo da paquera. A análise da revista *Billboard* captou a tendência das reações do público à música e ao estrelato crescente da cantora: "Foi uma longa e lenta escalada ao número 1 na *Billboard Hot 100* para 'Just Dance' – single de estreia de Lady Gaga indicado ao Grammy Awards –, que levou nove meses para chegar ao topo, em janeiro. Parece que o segundo lançamento, 'Poker Face', do álbum *The Fame*, não terá uma espera tão longa. Mais uma vez, versos melódicos repetitivos são abundantes, com sintetizadores inspirados nos anos 1980, versos robóticos e um verso melódico animado e radiante no refrão, que é ainda mais viciante que o single anterior. A faixa já alcançou o número 1 na Austrália, no Canadá, na Nova Zelândia, na Finlândia, na Noruega e na Suécia. Enquanto comparações surgem em abundância – Christina Aguilera, Gwen Stefani, Madonna –, Lady Gaga tem um som e um estilo singulares. Com uma visão artística focada, uma vaidade em seu estilo de entrevista e, acima de tudo, uma coleção fantástica de várias preciosidades pop, Gaga está jogando bem – e 'Poker' é outro ás óbvio".

O Brit Awards inexoravelmente acompanhou isso, com indicações em três categorias: Melhor Artista Revelação Internacional, Melhor Álbum Internacional e Melhor Cantora Internacional. Desta vez ela ganhou nessas três categorias, participando da cerimônia e recebendo suas premiações em uma de suas criações de moda mais estranhas até agora (especialistas sugerem que só o enfeite em sua cabeça – seria difícil denominá-lo um simples chapéu – custou £6.000).

Mas, como aquele fantástico enfeite, o reconhecimento crítico é realmente apenas a cobertura de um bolo muito maior e mais brilhante para Gaga. As vendas de sua música, até o momento, ultrapassam oito milhões de álbuns e impressionantes 35 milhões de singles digitais. Ainda assim, pergunte a ela sobre dinheiro e ela não será capaz de contabilizar para onde ele vai: tendo um orçamento para o guarda-roupa aproximadamente igual ao produto interno bruto de um país pequeno significa que ela não tem muito dinheiro sobrando.

De alguma forma, Gaga não é novidade. Já vimos artistas como ela antes. Musicalmente, ela é uma miscelânea de influências; não há pouco de Gwen Stefani nela, e Madonna, com frequência, é mencionada na mesma frase por críticos de música procurando um ponto de referência. E cantoras já se misturaram à moda antes – sendo Stefani outro exemplo óbvio.

## INTRODUÇÃO

Mas Gaga é mais que a soma de suas partes. A diferença é meio sutil, mas seu efeito é total e hipnotizador.

"É incrível, mas não surpreendente, que as pessoas gravitem em torno dela", afirmou o executivo da indústria musical Jeff Rabhan ao *New York Daily News*. "Os artistas não têm feito muito para se diferenciar entre si ultimamente. Se você olhar para Beyoncé ou para Alicia Keys, elas têm sido muito tradicionais em suas abordagens. As pessoas estão buscando algo diferente." Perez Hilton, extraordinário blogueiro de fofocas de celebridades, deu seu pitaco ao mesmo jornal. "O que torna Gaga diferente da Madonna é que ela é uma artista performática atuando no *mainstream*. Ela pega Grace Jones e Yoko Ono e transforma em pop."

A transformação é algo central para o que significa ser Gaga: Lady Gaga não é mais como Stefani Germanotta (seu nome de nascimento), assim como uma borboleta não é mais como uma lagarta. Em vez de vestir as roupas, maquiar-se e realizar as *performances* em um *set*, ela se tornou quase literalmente alguma outra coisa em Gaga; críticos notaram que ela não é tanto uma estrela do pop quanto uma artista performática que canta em uma instalação e não contra um *backdrop* (Andy Warhol, uma celebridade do movimento pop-art, é frequentemente citado por Gaga).

E – diferente de muitos de seus semelhantes na indústria – ela tem bastante capacidade para articular essa distinção. "Minhas ideias sobre fama e arte não são novas. Poderíamos assistir a *Paris is Burning* [Paris está Queimando] (documentário de Jennie Livingston de 1990 sobre *drag queens* de Nova York), poderíamos ler *The Warhol Diaries*, poderíamos ir a uma festa em Nova York em 1973 e essas mesmas coisas estariam sendo discutidas", afirmou ela ao *Daily Record*. "Acho que você poderia dizer que sou um pouco uma imitação warholiana. Algumas pessoas dizem que tudo (na música e na moda) já foi feito antes e, até certo ponto, elas estão certas. Acho que o truque é honrar sua visão e referência e juntar coisas que nunca foram colocadas juntas antes. Gosto de ser imprevisível, e acho que é bem imprevisível promover a música pop como um meio intelectual."

O que Lady Gaga tem que seus antecessores não tiveram ou não têm é comprometimento. Não com sua arte – ninguém poderia considerar que Freddie Mercury não tinha comprometimento –, mas com sua fantasia, com a fabricação completa e intransigente que é sua imagem pública. Enquanto outros se satisfazem colocando só o pé ou se banhando rapidamente nas águas da alteração de imagem – assumindo uma *persona* por uma noite de apresentação perante fãs, mas tirando a máscara no final do dia para ir para casa, para suas famílias –, Gaga imergiu-se ao ponto em que não está claro se ainda sabe quem ela foi um dia. Sua transformação é quase total, os limites de sua realidade se tornaram indistintos. Mas isso não foi um acidente psicótico, como Dr. Jekyll passando muito tempo como Mr. Hyde e, de repente, descobrindo que não poderia mais voltar: isso foi uma jogada de relações públicas. A quase insanidade, marca de Gaga, foi roteirizada, deliberada e muito bem-sucedida.

Quando um jornalista perguntou se era difícil sustentar essa *persona* 24 horas por dia, ela respondeu: "Eu nem quero ter base na realidade. Em meu show, anuncio: 'As pessoas dizem que a Lady Gaga é uma mentira, e elas estão certas. Sou uma mentira. E todos os dias me mato para tornar isso realidade'. É o sonho de minha visão, é a mentira que conto, seja um guarda-chuva ou um chapéu ou o modo como uso o batom. E, então, finalmente, isso se torna uma realidade".

Com essa imersão em uma fantasia, vem a autoconvicção. RedOne, o produtor e compositor que tem sido chamado de "o produtor-chave para o som *dance* futurístico dela" observou essa qualidade nela quando a encontrou pela primeira vez, logo que ela foi descartada de sua primeira gravadora, o selo de hip hop Def Jam. "No momento em que a encontrei, foi algo do tipo 'Oh, ela parece uma estrela' – ela tinha essa coisa. É o tipo de artista que eu estava procurando para mostrar minha música, uma artista de verdade em todos os sentidos. Ela levou isso ao nível seguinte para todos os artistas."

Quando pedem para explicar sua autoconvicção, a resposta de Gaga é simples: sua convicção é sua fama. Ela pode ser confiante, "porque é a sua fama. É onde sua fama habita... minha luminosidade. Minha constante luz brilhante. Ela está em minha habilidade de saber que o que faço é bom. Eu sei que é, sei que é bom, e essa é a segurança. Essa segurança é contagiante".

Mas uma coisa é clara: apesar de ser uma estrela autofabricada, apesar de aceitar completamente a personalidade que criou, ela mantém um

# INTRODUÇÃO

olho na realidade. Lady Gaga sabe que a indústria tem exigências, e se ela não as satisfizer, não fará parte dela – exatamente o que aconteceu quando, aos 19 anos, foi descartada pela Def Jam. Durante o que ela chama de "jornada em direção à Gaga", produziu e lapidou sua imagem ao longo dos anos para ser nada menos do que exatamente o que a indústria quer. "Sejamos honestos: quando a gravadora me encontrou, eu estava no palco em um bar, vestindo um fio dental, acendendo fogo com spray de cabelo, cantando músicas sobre sexo oral. Posso sentar aqui e falar sobre arte o dia todo, mas a maioria dos meus fãs só vai estar dançando ao ritmo desse som arrebatador. Mas isso não é emburrecer. Acabei me tornando mais inteligente ao canalizar minhas ideias por uma lente pop."

E isso é algo que a torna mais, e não menos, interessante. Porque esta é uma época de pop stars fabricadas. É a época dos grandes lançamentos de sucesso, o filme de ação com efeitos especiais feito para ser o primeiro e mais impressionante hit e não um fragmento de joia cinematográfica que vende porque é algo bom. É uma época de compromisso, em que cantores e atores precisam se comprometer com sua arte a fim de se encaixar às demandas do mercado. Em contraste, Gaga criou sua obra fora das demandas do mercado. Ela tem um cuidado minucioso para controlar cada aspecto disso. Ela desenha roupas e cenários, escreve músicas e administra isso tudo. Ela tem uma percepção intuitiva do que vai funcionar e uma inteligência aguçada que direciona suas decisões. Talvez ninguém no mundo faça isso tão bem quanto ela. Ela enxerga por meio da indústria, explora isso de forma implacável e ganha sucesso crítico no processo. Ao ser questionada por um outro jornalista se esse processo de analisar friamente o fenômeno que é a pop star do século XXI, fragmentando-a em suas partes constituintes e, ao mesmo tempo, construindo-se a imagem desse fenômeno, não parece ter mais do que se merece, ela respondeu: "Não é paródia, é comentário. Usar as palavras 'ter mais do que se merece' implica em algo desonesto. Eu só acho que sou muito boa no que faço".

Como um investidor da Bolsa, enriquecendo de repente por enxergar através de padrões aparentemente aleatórios do mercado digital e embarcando na onda eletrônica, a pergunta permanece: por quanto tempo ela conseguirá se manter no auge?

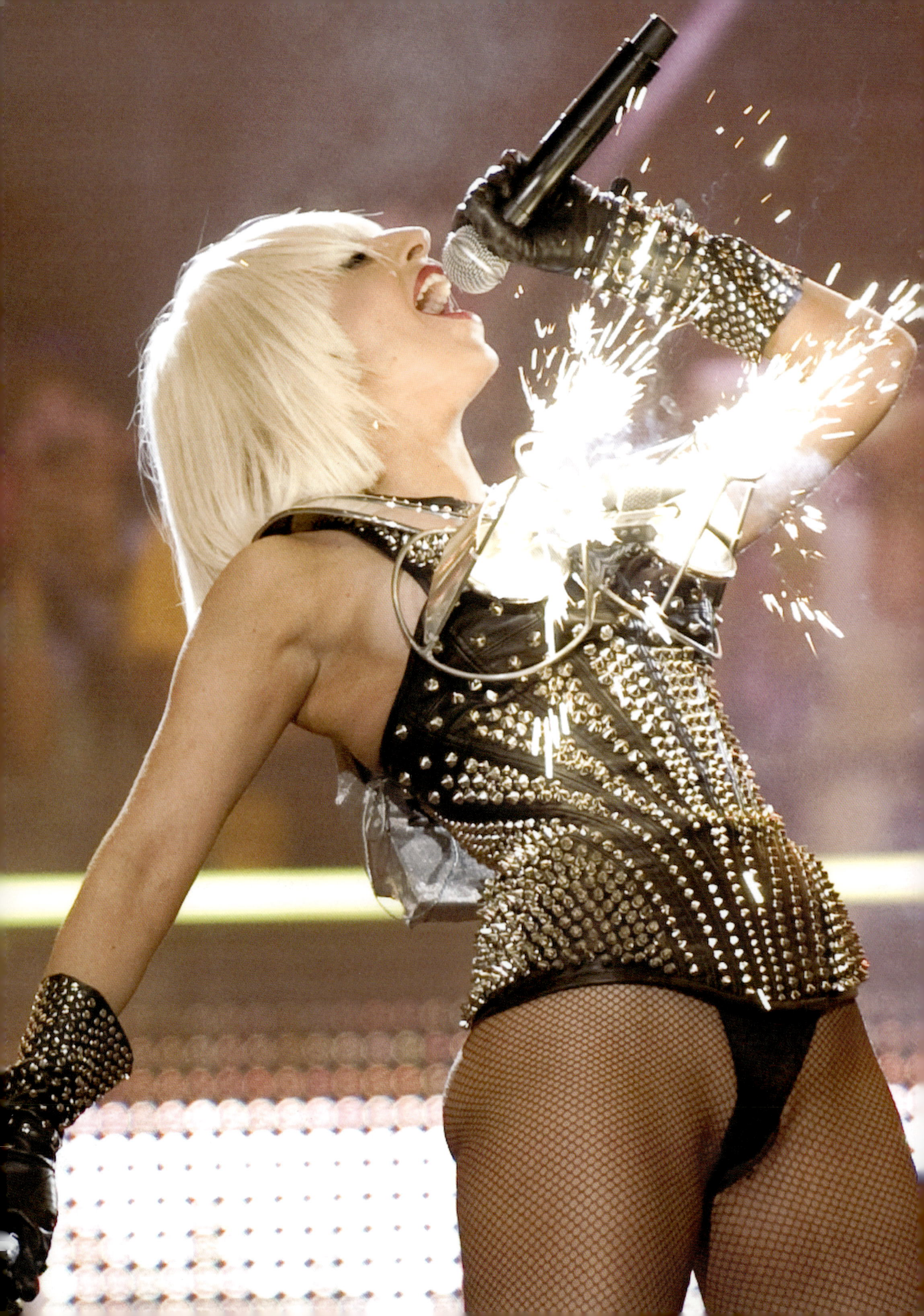

# 1

## CRIANÇA INDOMÁVEL

A mulher hoje conhecida em todo o mundo como Lady Gaga nasceu em 26 de março de 1986, de pais ítalo-americanos, na cidade nova-iorquina de Yonkers. O nome que sua mãe, Cynthia, e seu pai, Joe, deram a ela foi Stefani Joanne Angelina Germanotta.

Mesmo que seus pais e outros que a conheciam desde o fim dos anos 1980 e início dos anos 1990 estejam chocados com o que ela se tornou, eles não se surpreendem por ela ser uma excelente artista. A pequena Stefani aprendeu a tocar piano de ouvido aos quatro anos, mostrando uma inclinação musical precoce que a beneficiaria ao longo de sua infância e também posteriormente.

Ela afirma que se apresentar estava em seu sangue. "Minha família era legal. Meu pai vem de New Jersey e ele tocava em bandas no litoral de Jersey, seguindo os passos de Bruce Springsteen. Então, fazer *performances* está em meu sangue e minha família instilou em mim uma ética de trabalho implacável. Eu era uma garota bem destemida. Não importa quantas vezes fui rejeitada. Continuei voltando."

Ela sabia que era diferente das outras crianças, e seus pais também sabiam. Ela afirma que o apoio deles – em especial o de sua mãe – foi a chave para sua confiança. "Minha mãe é a pessoa mais forte do planeta. Meus pais sempre souberam que eu era diferente, nunca fui uma criança normal. Eu falava de um jeito diferente. Meu pai costumava dizer: 'Só vá direto ao ponto'. Faço isso com minhas letras agora. É um testamento quando você alcança coisas como essa quando você é jovem. Meus pais realmente me apoiaram."

Ela se lembra de ficar cantando Michael Jackson e Cyndi Lauper, que depois se tornariam suas grandes influências musicais. Quando começou a atuar, ela foi direto para as partes grandes e mostrou o mesmo talento para figurino, que marca suas *performances* hoje em dia. "Eu estava na peça *Three Billy Goats Gruff* [Os três carneirinhos] quando estava no jardim de infância", ela lembra. "Eu era o carneiro grande. Resolvi fazer os chifres dele com papel alumínio e um cabide. Sempre fui uma artista. Fui uma atriz com atuações exageradas quando criança e sou assim hoje", diz ela – o que é um pouco severo. Primeiro, atores exagerados geralmente não sabem que estão atuando de forma exagerada. Segundo, um ator exagerado é o mesmo que um mau ator, e Gaga é qualquer coisa menos isso. Ela sabe exatamente o que está fazendo, e faz isso perto da perfeição.

A dança e a nudez foram outras duas paixões de infância; como registrado em seu site, "A criança precoce dançava ao redor da mesa em restaurantes chiques de Upper West Side, usando *grissini* como bastão, e cumprimentava, de modo inocente, uma nova babá, como veio ao mundo". Sendo que essa segunda ação ela ainda poderá tirar da manga quando isso se ajustar aos seus propósitos. Alguns anos atrás, em nome da pesquisa, ela fez uma viagem a Amsterdã para entrevistar prostitutas – aparentemente, para descobrir como elas realizavam o trabalho com tanta confiança, a fim de incorporar as informações em sua própria *persona* e ato.

"Quando fui ao Red Light District, primeiro tentei costurar minha câmera dentro da manga, mas não funcionou", contou ela à revista *Parlour Life*. "Então, na época, fui com Space Cowboy e D. Dark, e notei que uma prostituta estava olhando para mim e não sabia se ela tinha me achado gostosa. Então fui lá e falei algo assim: 'Olha, não quero transar com você e nem quero fazer nada do tipo, mas quero conversar com você e filmar a conversa'.

"E tive de ir a vitrines de umas dez mulheres diferentes antes de ser aceita. Mas ela era a única que achei que não tinha algo como um cafetão, sabe? Aí eu disse a ela que tiraria as minhas roupas também, para que ela não se preocupasse com o fato de que eu pudesse usar a gravação – então, no vídeo, somos eu e ela de sutiã e calcinha, conversando sobre paus, como duas garotas em um bar. Quando pergunto alguma coisa do tipo: 'Quantos caras em uma noite?', ela responde: 'Às vezes, quatro, às vezes, cinco, sabe?'. E também perguntei: 'Você gosta disso?' E ela respondeu: 'Sim. Você não gosta desse trabalho? Talvez devesse tentar, você gosta?'

"E falei para ela: 'Estou tão intimidada por você'. Tipo, como alguém que considera essas mulheres sexualmente fortes, eu nem entendo como elas fazem isso. Elas transam com todos os homens que passam, e brigam por eles – pode-se dizer."

Amigos de infância lembram de uma garota que estava sempre prestes a mergulhar em um papel, embora abandonasse esse papel no fim da noite. "Ela sempre era a estrela das peças e dos musicais no colégio", diz um deles. "Assim que ela colocasse a fantasia, ela encarnaria o personagem e não interromperia." Depois disso, assumiu as noites de palco aberto do colégio. "Ela recrutava cantores, compositores, atores, dançarinos e cinegrafistas na Sacred Heart e em outros colégios para mostrar o trabalho deles."

A experiência na Sacred Heart é algo sobre a qual ela tem sentimentos misturados. Inicialmente, ela esperava entrar na Juilliard School, em Manhattan, uma importante instituição de dança, arte dramática e música, frequentada por outros artistas como Kevin Spacey, Val Kilmer e Robin Williams. Mas o ingresso nesse colégio é extremamente competitivo, sendo apenas cerca de uma a cada quinze crianças inscritas admitida. Seja por essa razão ou não, aos 11 anos, Stefani Germanotta foi para um colégio católico particular para meninas, o Convent of the Sacred Heart, cuja anuidade é de US$ 20 mil.

A Sacred Heart é conhecida por seus padrões acadêmicos (fato curioso, considerando que ex-alunas célebres incluem Paris Hilton), e Gaga afirmou que foi "muito dedicada, muito estudiosa, muito disciplinada. Eu tocava música todos os dias. Ensaio, prática, piano. Eu estava em peças e bandas. E tinha notas muito boas". Mas, diz ela: "Eu também era foda. Era o tipo de garota que não precisava prestar atenção na aula, mas sempre ia bem nas provas e depois ia beber com os amigos". Mesmo tendo admitido ser insegura no colégio, ela diz ser "muito, muito grata pela minha educação. Acho que é uma das coisas que me diferencia como cantora pop: a forma como abordo o trabalho e os recursos visuais".

O colégio católico não desenvolve o tipo de valores e imagem de que ela desfruta agora, e é justo dizer que sua encarnação como Gaga é, em parte, uma reação contra seus dias de colégio, quando sua identidade incipiente foi oprimida em nome da conformidade. "Costumavam tirar sarro de mim por eu ser provocativa demais ou excêntrica demais, então comecei a moderar isso. Eu não me encaixava e me sentia uma aberração." De forma alguma ela ficava sem amigas, mas nem tudo eram rosas. "Algumas garotas eram mesquinhas. Elas zombavam de mim porque eu me vestia de um jeito diferente e tocava em bandas. Elas não conseguiam aceitar por que eu era tão compulsiva. Mas teve umas vezes que recebi muita atenção por ser a vida e a alma da festa."

Pelo que ela diz de seu senso de moda naqueles dias, algumas sobrancelhas levantadas dificilmente surpreendiam. Mesmo que sua *persona* tenha sido cuidadosamente trabalhada nos últimos anos, as mesmas tendências estavam lá desde o começo. "Acredito viver um estilo de vida glamouroso, sou uma mulher glamourosa", ela sustenta. "Mas não tem nada a ver com dinheiro nem com câmeras – eu já era assim antes de tudo isso. Você pode ser quem você escolher se tornar no futuro, apenas faça isso. Apenas veja e visualize isso e todos os dias de sua vida projete essa imagem em você mesmo."

Subir a barra de sua saia de dança e usar tênis em vez dos calçados autorizados não fazia com que os professores caíssem de amores por ela. Suas colegas também caçoavam dela quando ela exagerava no cabelo e na maquiagem. "O que você é? Lésbica? Ninguém está olhando para você", zombavam elas. "Mas sou teatral", ela afirmou depois. "Toda manhã gosto de ter uma aparência fabulosa. Gosto de fingir que sou famosa."

Até suas amigas comentaram que havia algo diferente nela. "Eu era um pouco sexy demais e um pouco estranha. Minhas amigas costumavam me dizer que não importava o que eu estivesse vestindo, mesmo coberta até o pescoço em uma parca, eu parecia estar nua." Outras eram menos gentis. "Zombavam do jeito que eu me vestia e falava. Até quando eu ia para a escola de arte eu era meio obstinada, mas porque eu não tinha interesse em ser colocada em uma máquina de salsichas. Eu podia ser insegura – toda aquela coisa de 'quem está dizendo o que por trás de suas costas', mas eu me escondia no meu trabalho."

É claro que Gaga, que agora parece não sentir vergonha ou constrangimento, se sentia um peixe fora d'água às vezes. "Eu era a garota artística, a menina do teatro. Eu me vestia de um jeito diferente e vinha de uma classe social diferente das outras garotas. Eu era mais uma estudante comum com uma rolha. Sempre gravitei em torno de coisas diferentes, eu era excêntrica. Eu ia para um colégio cheio de garotas mimadas."

Duas delas eram as irmãs Hilton, Paris e Nicky. "Elas eram muito bonitas e muito limpas. Muito, muito limpas", diz ela sobre as duas. "Sabe, eu nunca vi a Paris, ela era mais velha que eu, e é engraçado que a imprensa sempre escreve que estudava com as irmãs Hilton, mas, na verdade, eu estudava só com a Nicky. Acho que a Paris saiu e foi para a Dwight. Mas, sabe, é impressionante aquelas garotas serem perfeitas daquele jeito. Sempre fui uma garota estranha na escola, que fazia teatro e ia com muito batom vermelho ou com meu cabelo perfeitamente cacheado ou fazendo qualquer coisa para chamar atenção. É engraçado, pois é quase como se elas estivessem lá para me conscientizar, porque muito do que faço agora é tentar voltar o meu mundo para a comunidade comercial. Então acho que elas foram uma boa influência para mim. Não elas em particular, mas a ideia do artista autoproclamado."

Na época, é pouco provável que ela tivesse concordado com as Hilton, mesmo se ela passasse muito tempo em sua companhia. Na verdade, ela nunca teve chance de não gostar delas. "Nunca vi essas garotas por mais de dez segundos nos corredores." E, ainda, para deixar claro um mito sobre sua música, a canção "Beautiful, Dirty, Rich" não é sobre Paris Hilton. Ela contou recentemente ao DJ Ron Slomowicz: "Eu estava consumindo muitas drogas quando escrevi 'Dirty Rich'. Foi há cerca de dois anos, e foi sobre coisas diferentes. Primeiro e antes de tudo, a música é sobre – quem quer que você seja ou onde quer que você more – você autoproclamar essa fama interior baseada em seu estilo pessoal e em suas opiniões sobre a arte e o mundo, apesar de estar consciente disso. Mas é também sobre como em Lower East Side havia um monte de jovens ricos, que usavam drogas e diziam que eram pobres artistas, então é também uma crítica sobre isso. 'Daddy I'm so sorry, I'm so, so sorry, yes, we just like to party' ['Papai, me desculpe, eu realmente sinto muito, sim, nós apenas gostamos de curtir.']. Eu costumava ouvir meus amigos ao telefone falando com seus pais, pedindo dinheiro antes de ir comprar drogas. Então, foi uma época interessante para mim, mas é engraçado o que vem à tona dessa música – porque é sobre muitas coisas diferentes –, mas, no fim das contas, o que eu quero que as pessoas tirem disso é 'Bang-bang'. Não importa quem você é e de onde você vem, você pode se sentir bonito e podre de rico."

"O que acho interessante de ter ido para aquele colégio foi que havia algumas garotas que tinham muito dinheiro, algumas que não tinham e algumas que estavam entre um extremo e outro", contou ela à revista *Fab*. "Tinha loiras, morenas, garotas de artes, garotas drogadas, tinha de tudo. Eu era a garota nerd de teatro, que tocava na banda e de quem as pessoas tiravam sarro. Olho para o meu passado escolar e sinto que aprendi muito sobre diferentes tipos de mulheres e isso me preparou para descobrir o tipo de mulher que queria ser."

Apesar de tudo, ela não se ressente do tempo na Sacred Heart: sua educação tem bastante importância para ela, e Gaga sabe que sem essa educação ela seria... bom, provavelmente algo como Britney Spears, na melhor das hipóteses. "Tive uma educação incrível", disse ela ao *Guardian*. "E realmente penso que a minha educação é o que me coloca em um outro nível, porque sou muito esperta. Não sei se minha educação contribuiu para ideias fantásticas e para a criatividade, mas me deu disciplina, orientação. Eles me ensinaram como pensar. Eu realmente sei pensar." Um exemplo? "Se eu decido fazer um casaco vermelho para o show, não é só vermelho. Penso: o vermelho é comunista? É um vermelho cereja cordial? É um vermelho rubi? Ou um vermelho maçã? Ou o vermelho de um grande balão vermelho? Quero dizer, tem tantos malditos tipos de vermelho. Então você precisa dizer, bom, o que estamos tentando dizer nesta cena? É um vermelho feliz? Ou um vermelho triste? É um vermelho de renda? Ou um vermelho de couro? Ou um vermelho de lã? É porque há tantos componentes para fazer um show e fazer arte e minha escola ensinou como pensar dessa forma."

Proibida de usar maquiagem na escola, a adolescente Stefani compensava isso aplicando-a assim que voltava para casa e até usando-a quando ia dormir. "Quando eu era jovem, me sentia uma aberração na escola – e tinha de me maquiar quando chegava em casa antes de ir para cama porque eu não podia usar maquiagem no colégio. Quando virei a esquina e vi Boy George na vitrine de uma loja [de maquiagem] da MAC, eu disse: 'Me sinto exatamente assim!' Por que essa atitude não está em nenhum outro lugar? E RuPaul e Pamela Anderson. Eu disse: 'Deus, eu me sinto exatamente assim'." Posteriormente ela se tornaria uma patrocinadora de maquiagem, vindo a ser um dos rostos da marca com seu ícone de infância, Cyndi Lauper. "Por isso eu penso que a MAC é tão importante; eles suprem seu lado interno que se sente uma aberração às vezes, que quer levantar sua bandeira aberrante."

Com 13 anos, ela estava escrevendo sua própria música para piano e citando várias influências musicais – algumas escolhas de seu pai, algumas dela própria. "Quando eu era caloura no Ensino Médio, estava em uma banda cover que tocava Zeppelin, Floyd e Jefferson Airplane – que era a lavagem cerebral dele se tornando realidade." Além disso, tinha a "Madonna. Britney tem se mantido há um bom tempo. Grace Jones é incontrolável. David Bowie ficou por anos e anos", disse ela ao *Guardian*. "The Beatles... adoro Springsteen. Meu pai é um italiano nascido em Jersey, então cresci ouvindo os álbuns de Springsteen que ainda tinham areia da praia. E é aquele tipo de mentalidade 'pelo calçadão da praia'. As garotas também não sabem sobre isso ou acham que ninguém pode mencionar isso ou pensam que é mais legal agir como homens e trair seus namorados..." (Ela não se insere nessa visão da condição da mulher. "Elas são do tipo 'Não quero cirurgia plástica! Dane-se a cirurgia plástica! E dane-se fazer o jantar para você! Dane-se, vou pedir comida!' E não sou assim – eu costumava fazer o jantar para o meu namorado usando meus sapatos de salto agulha, de lingerie. E ele costumava dizer: 'Querida, você está tão sexy!' E eu respondia: 'Coma umas almôndegas'.") Ela finalmente conseguiu conhecer seu ícone, Springsteen, no Jingle Ball no

Madison Square Garden. "Pulei os assentos e dei um grande abraço nele, e ele me disse que eu era um amor", lembra Gaga. "Então tive um grande colapso – chorei no pescoço do homem!"

Britney Spears foi uma grande influência para ela. Na verdade, ela diz que costumava passar o tempo perto dos estúdios do programa *Total Request Live* da MTV, na Times Square, esperando ver de relance um de seus ídolos. "Quando eu estava no Ensino Básico, tinha toda a loucura Britney-'NSync, então, depois da escola, eu e minhas amigas íamos de trem até o centro da cidade e ficávamos do lado de fora do *TRL* aplaudindo e esperando ver a unha de alguém na janela", afirmou ela recentemente. "Olho para esse passado com carinho. Não acontece mais, e isso é bem triste. Tenho a intenção de reviver essa loucura. Você não pode negar o poder que um grupo pop tem de parar o tráfego."

Conforme as coisas foram acontecendo, um pouco antes de ela alçar sua própria fama, foi encarregada por sua gravadora de escrever canções para Britney. "Ela é uma garota legal – me senti muito honrada que ela quisesse cantar uma canção minha", disse ela. "Eu costumava gritar para ela na Times Square e agora trabalho para ela! Quando eu tinha 13 anos, ela era a artista mais provocante da época. Eu a adoro muito!"

Sua própria carreira performática começou quase tão logo quanto ela pôde entregar o material. "Eu tinha esse sonho e realmente queria ser uma estrela", disse ela. "Eu era quase um monstro no sentido de ser destemida com as minhas ambições." Então foi isso; ainda no início de sua adolescência, ela começou a tocar em clubes de Nova York. O que, é claro, era totalmente ilegal; então ela tinha de levar sua mãe junto. "Eram bares de jazz e não clubes de sexo", justificou ela – mesmo que isso logo tenha mudado. "Eles tinham noites de palco aberto, então minha mãe me levava. 'Minha filha é muito jovem, mas muito talentosa'", Cynthia assegurava aos proprietários dos clubes. "Vou sentar com ela enquanto ela toca."

Isso, sustenta ela, faz parte da jornada rumo ao estrelato; mesmo sendo possível fabricar uma estrela a partir de esboços, não há substituto para "fazer isso do jeito certo", pagando o que deve e se desenvolvendo a partir de pequenos locais até o *status* de celebridade. "Você precisa tocar em clubes, você precisa ser maravilhoso, você precisa errar, você precisa ganhar aplausos de pé e ser zombado e vaiado até sair do palco. Toquei em clubes desde que estava no Ensino Médio; desde os 15 anos, minha mãe costumava me levar, porque eu era jovem demais para entrar." Longe de desencorajar sua filha, Cynthia Germanotta a apoiava bastante. "Minha mãe era superlegal. Ela me ajudava a ser contratada e a me apresentar e, quando fui para a faculdade, comecei a trabalhar com música. Eu andava com a minha bicicleta ou a pé e ia para diferentes clubes em Nova York no Lower East Side e no East Village."

Quando completou 17 anos, conseguiu uma vaga na Tisch School of Arts, na Universidade de Nova York. A Tisch é uma das principais escolas de artes do país e é altamente competitiva. Apesar disso, Stefani foi uma entre os 20 adolescentes a ter uma admissão prematura na escola.

Na Tisch, ela trabalhou em suas composições e estudou música. Ela também ampliou seus horizontes e molduras de referência, aprendendo sobre arte, religião, sociologia e outras matérias. "Fui para a escola de arte, estudei cultura pop, sei tudo sobre música e iconografia pop, cultural e religiosa", afirma ela – algo que foi fundamental para fazer dela o que ela é hoje. "Sou autoproduzida... olho para isso não como um veneno nem como ignorância, mas de um jeito muito intelectual e me automoldando para ser uma visionária poderosa e dizer algo que irá genuinamente falar às pessoas."

Por todo o estudo, o programa foi extremamente ativo – ela descreve o tempo dela lá um pouco como *Fame*, o drama musical dos anos 1980 sobre estudantes de arte. "Eu dançava cinco horas todas as manhãs e depois fazia uma aula de atuação, aula de canto e tinha estudos à noite." Os críticos denominaram seu estilo uma forma de arte performática e seu trabalho, instalações, em vez de *sets*; seu período relativamente curto mas intenso na Tisch foi, evidentemente, uma missão de coleta de informações. "Fiz uma dissertação louca, umas 80 páginas sobre Spencer Tunick [mais conhecido por suas instalações com centenas ou milhares de pessoas nuas] e Damien Hirst, grandes artistas pop." E, mesmo tendo começado com música clássica, ela sustenta que esse foi um excelente *background* para sua carreira que se seguiu. "Aprendi piano clássico, e isso ensina de um jeito inato como escrever uma música pop, porque, quando você aprende as inversões de Bach, isso tem o mesmo tipo de modulações entre os acordes. Tudo é uma questão de tensão e relaxamento. Mas quero fazer algo que fale a todos. Para mim, não há nada mais poderoso que uma canção que você possa colocar para tocar em um lugar, em qualquer canto do mundo, e alguém se levanta e começa a dançar. Se você colocar uma peça clássica para tocar, ninguém vai se mexer. Tem que ser algo que ressoe em um nível visceral."

Depois de apenas um ano na Tisch, ela claramente aprendeu tudo que sentiu que a educação formal ofereceria e deixou a escola para arranjar tempo para sua carreira musical. Ela se mudou da casa de seus pais – algo que ela diz que foi muito difícil para todos eles. "Essa foi a parte difícil, quando saí da escola. Eu não queria nenhuma ajuda deles. Não queria dinheiro, não queria nada. Só queria morar sozinha, fazer música e fazer isso do jeito certo."

Em vez disso, ela mergulhou na cena de bares e clubes de Nova York, sendo alguns dos mergulhos mais profícuos em sua busca para aprender as habilidades necessárias para se tornar Lady Gaga. Foi um batismo de fogo – para todos os envolvidos. "Teve uma noite em que eu tinha um material novo e umas roupas fantásticas. Então me sentei e esperei todos ficarem quietos. Foi uma porção de rapazes associados, de West Village, e eu não conseguia fazê-los calar a boca. Então tirei a roupa. E lá estava eu, sentada ao piano, de lingerie. Aí eles ficaram quietos." Ela percebeu, depois, que isso foi um ponto de mudança. "Foi quando tomei uma decisão de verdade em relação ao tipo de artista pop que eu queria ser. Porque era um momento de *performance* artística naquela hora e lugar. Senti uma espontaneidade e controle em mim que pensei ter estado em um caixão por um longo tempo. Naquele momento, ressurgi dos mortos."

Aqueles tipos de clubes e aquele tipo de estilo de vida têm seus riscos, e Stefani não estava mais imune do que os outros. "Eu não gosto de falar muito sobre isso, mas havia drogas, drogas pesadas. Eu não gostaria de inspirar outras pessoas a fazerem o mesmo." A droga que ela escolheu: cocaína. Não demorou muito para ela perceber que estava com problemas. Buscando inspiração para suas composições e esperando igualar seus modelos musicais e artísticos, ela levou isso longe demais e terminou passando horas sozinha com sua música e suas drogas. "Pensei que ia morrer. Queria ser os artistas que eu amava, como Mick Jagger e Andy Warhol, e pensei que a única forma de fazer isso seria viver o estilo de vida deles. Minha trilha sonora para a cocaína era sempre The Cure. Eu me trancava no meu quarto e ouvia 'Never Enough' repetidas vezes, até ter consumido pacotes e pacotes de cocaína." O alucinógeno LSD também fazia parte de suas farras – o que provavelmente mexeu com seu equilíbrio mental, mais do que ouvir The Cure. Apesar disso, diz ela, as drogas não impediram que ela se comprometesse com o mundo externo. "Eu não era uma viciada em drogas preguiçosa. Eu fazia fitas demo e as mandava para vários lugares; então eu subia na minha bicicleta e fingia ser a agente da Lady Gaga. Eu ganhava US$ 300 no trabalho e gastava tudo com cópias para fazer cartazes."

Pelo que Gaga conta, uma experiência com o fantasma de sua tia Joanne salvou sua vida. Ela estava caindo em espiral, mas então "tive uma experiência assustadora uma noite e pensei que fosse morrer. Percebi que a irmã do meu pai, Joanne, que morreu aos 19 anos, tinha instilado o espírito dela em mim. Ela era pintora e poeta – e tive uma visão espiritual de que tinha de terminar o trabalho dela. Nunca a encontrei pessoalmente, mas ela foi uma das figuras mais importantes em minha vida. Acordei, mas isso me ajudou a me tornar a pessoa que sou. Vejo as coisas de um jeito bem fragmentado e psicótico, e acho que é por causa disso. Mas decidi que era mais importante me tornar uma pensadora centrada e crítica. Isso era mais poderoso que a própria droga."

Mesmo assim, uma outra versão da mesma história sugere que seu pai tinha conversado de modo severo com ela. "Meu pai é um homem realmente poderoso, um cara das telecomunicações. Então ele olhou para mim um dia e disse: 'Você está acabando com tudo, garota'. Então olhei para ele e pensei: 'Como ele sabe que estou alta bem agora?'.

E ele nunca disse uma palavra sobre as drogas, nem uma palavra. Mas ele disse: 'Eu só quero lhe dizer que qualquer um que você conhecer enquanto estiver assim, e qualquer amigo que fizer no futuro enquanto estiver com essa coisa, você vai perder'. E nunca conversamos sobre isso de novo."

Os amigos dela também fizeram sua parte, ajudando-a a perceber que usar drogas não era o caminho e que, certamente, seria melhor sair com eles na companhia de outras pessoas. "Eu não achava que havia algum problema comigo até que meus amigos viessem e me dissessem: 'Você está fazendo isso sozinha?' 'Hm, sim. Eu e meu espelho'." Para sua sorte, ela não estava tão viciada ao ponto em que fosse muito difícil sair. "Consegui parar, porque estava entrando em pânico mais quando estava drogada do que quando estava sóbria. Então eu parei. Não parei completamente, mas parei por um tempo completamente. E eu nunca cairia no buraco que fiz na época. Eu só estava sendo nostálgica e criativa e pensei que eu era Edie Sedgwick e estava fazendo música. Não sei, eu não necessariamente incentivaria alguém a fazer isso, mas acho que quando você se esforça é quando sua arte fica boa."

Hoje em dia, ela se concentra em vícios mais culturalmente aceitáveis – apesar de sua gravadora não ficar contente quando ela os traz à tona. "Eu posso beber e não vou dizer que não gosto de festas. Mas não é todo dia e não é mais uma ferramenta para minha criatividade. A gravadora fica louca comigo por falar sobre isso – eles dizem: 'Não queremos que as pessoas pensem que você não é uma pop star'. Mas eu sou uma pop star. Sou uma pop star com uma história!" E, diz ela, foram os problemas dos dias que antecederam a fama que deram a ela a inspiração para o seu álbum de estreia, *The Fame*. "Foi bem doentio... suponho que a vaidade do álbum veio daí."

Foi assim que ela aprimorou seu ato no submundo do sexo e das drogas de Nova York – algo que não parecia aborrecê-la de qualquer forma. "Eu estava trabalhando em casas de strip quando tinha 18 anos. Tenho um forte senso de minha própria sexualidade. Adoro o corpo humano nu e tenho uma grande confiança corporal. Garotas com o meu *background* não deveriam se tornar alguém como eu. Vim de uma família italiana rica, frequentei uma boa escola. Eu deveria viver com a minha mãe e com meu pai até eles morrerem. Lutei contra tudo que fui educada para ser; saí de casa, não aceitei nenhuma ajuda dos meus pais e me sustentei com trabalhos de garçonete e strip. Minha apresentação era bem louca. Eu me vestia com couro preto e dançava ao som de Black Sabbath, Guns N' Roses e Faith No More. Muito rock 'n' roll."

Até nesse palco, seu movimento e sua aparência foram caracterizados como pesados na preparação e também na música: a abordagem dela foi integrada, uma experiência sensorial completa. "Sempre tenho uma visão – quando estou escrevendo uma música, sempre estou pensando nas roupas e no modo como vou cantar", contou ela ao *Guardian*. "Como me movimento, esse tipo de coisa é escrito dentro da canção. Não é só uma canção e não vou apenas estar no palco e cantar."

Desnecessário dizer, seus pais católicos não ficaram exatamente impressionados na primeira vez que viram sua apresentação. "Eu estava vestindo um biquíni fio dental de leopardo com franjas, com um cinto de cintura alta com lantejoulas e calcinha "da vovó", e era tão errado que estava fantástico." Seu pai assistiu à coisa toda e compreensivelmente foi embora sem reservas sobre a escolha da carreira da filha. "Ele me disse que fiz um bom trabalho. Mas ele estava chocado. E alarmado. Minha mãe me contou que ele veio abaixo e disse a ela que pensou que eu estava louca. Louca de verdade. No fim daquela semana, minha família disse: 'Foi realmente difícil assistir àquele show e achamos que você tinha ficado louca e não sabíamos o que fazer'."

Isso não pareceu torná-la menos ativa. Ela continuou fazendo a cena burlesca *underground* de Nova York, criando uma apresentação de heavy metal e *disco strip* com uma amiga, Lady Starlight. Levou um bom tempo até que seus pais se acostumassem com esse lado da filha. "Fui para um colégio católico, mas foi no *underground* de Nova York que me encontrei. Meu pai não conseguia olhar para mim por meses. Eu estava no palco usando um fio dental com franjas balançando em volta do meu traseiro, pensando que isso o tinha coberto, acendendo fogo com spray de cabelo, me apresentando como *go-go dancer* ao som de Black Sabbath e cantando sobre sexo oral. Os garotos gritavam e se divertiam, depois íamos tomar uma cerveja." E não que ele desaprovasse ou pensasse que ela estava passando dos limites, como muitos garotos educados com uma base católica que usufruíam em excesso de sua liberdade – na verdade, ele temia que ela estivesse louca. "Ele pensou que eu estava louca. Não era 'Ela é uma garota má' ou 'Ela é uma vagabunda' – ele pensou que eu estava doida, que eu estava usando drogas, que tinha perdido a cabeça e não tinha mais senso de realidade. Para o meu pai, era uma questão de sanidade." Sua mãe se preocupava, mas era mais abertamente apoiadora. "Ela me falava: 'Bebezinho, você pode ser o que quiser, e você é bonita e talentosa e pode dominar o mundo'."

Mas, diz ela, esse período foi crucial na formação de Lady Gaga; ela estava reagindo contra algo, ganhando independência e aprendendo quem ela realmente era. Era só algo com que todo mundo teria de lidar; felizmente, não seria para sempre. "Descobri uma verdadeira liberdade pessoal através disso. Óbvio que meus pais não gostaram. Eu estava atraindo multidões, acendendo fogo com spray de cabelo no palco e dançando loucamente. Meu pai pensou que eu tinha perdido a sanidade. Em relação às drogas, foi a reação dele que fez com que eu me afastasse delas. Não fui para o Alcoólicos Anônimos nem para o Narcóticos Anônimos. Fiz isso sozinha. Eu tinha medo de fracassar, não queria que nada me fizesse fracassar, então parei. Ainda bebo e me divirto, mas agora não há mais escuridão. Só bastante diversão."

Seus pais podiam não estar tão contentes, mas, estranhamente, seus avós estavam bem com tudo aquilo. "Eles aprovam. Minha avó é basicamente cega, mas ela pode perceber partes mais claras, como minha pele e meu cabelo. Ela diz: 'Posso ver você, porque você está sem calça'. Então vou continuar não vestindo calça, mesmo na TV, para que minha avó possa me ver."

Gaga – como muitas outras – parece ter algumas semelhanças com Madonna, que começou na cena da dança e surpreendeu com seu estilo sexualmente provocativo e desafiador. Mas, diferente da maioria dos críticos, ela vê similaridade não em termos de estilo, mas de personalidade. "Acho que o que eles estão considerando mais genuinamente é, mais que tudo, a forte parte ambiciosa. Acho que é isso – e espero que não esteja sendo hiperbólica –, mas gostaria de pensar que é isso que compartilho com ela mais que tudo, a minha ambição e a minha força", disse ela à revista *Rolling Stone*.

Ela começou a escrever mais música *dance*, com base em algumas de suas influências de infância e várias outras que ela encontrou no caminho. "Eu estava em Nova York, me divertindo muito em clubes gays e bares simples. Eu saía cinco noites por semana. Me apaixonei por The Cure, Pet Shop Boys, Scissor Sisters. Fiquei realmente fascinada com a *club culture* dos anos 80. Foi uma progressão natural do *glam*, da influência de David Bowie, da coisa cantor-compositor em que eu estava trabalhando. Eu costumava levar as minhas demos para os clubes, mas mentia e dizia que eu era a agente de Lady Gaga e que ela só estaria disponível para tocar nas noites de sexta-feira, às 22h30 – o melhor horário". Como ela sugere, os clubes gays preenchiam uma parte significante de sua agenda. Ela associou isso à sua criação – presumidamente, não algo que seus pais católicos planejavam, mas um fator. "Tive alguns professores de piano gays. Eu fazia aula de atuação e de balé desde pequena, e lembro de estar cercada por garotos gays na aula de dança. Me sinto intrinsecamente inclinada a um estilo de vida mais gay." Quando perguntaram, recentemente, do que ela gostava em relação a fazer shows com apresentações gays, disse ela à revista *Fab*: "A liberdade extravagante, a alegria, a diversão e o espírito. Não tem nenhum espírito no mundo como o que existe na comunidade gay. Amanda e Cazwell abriram o meu *Fame Ball* em Nova York para o lançamento do meu álbum. São pessoas surpreendentemente boas, não há pretensões. Sempre vou ser a garota que mais apoia a comunidade gay no planeta. Toda vez que vou para as cidades me apresentar, mesmo nas arenas, sempre garanto um segundo show em um clube gay."

# "

**Ela estava de óculos. Eu não tinha ideia de como era a voz dela, mas só de olhar para ela já fiquei curioso. Entramos em um táxi e, em nosso caminho para o estúdio, ela apareceu com 'Boys Boys Boys'."**

**RedOne,** *Wall Street Journal*

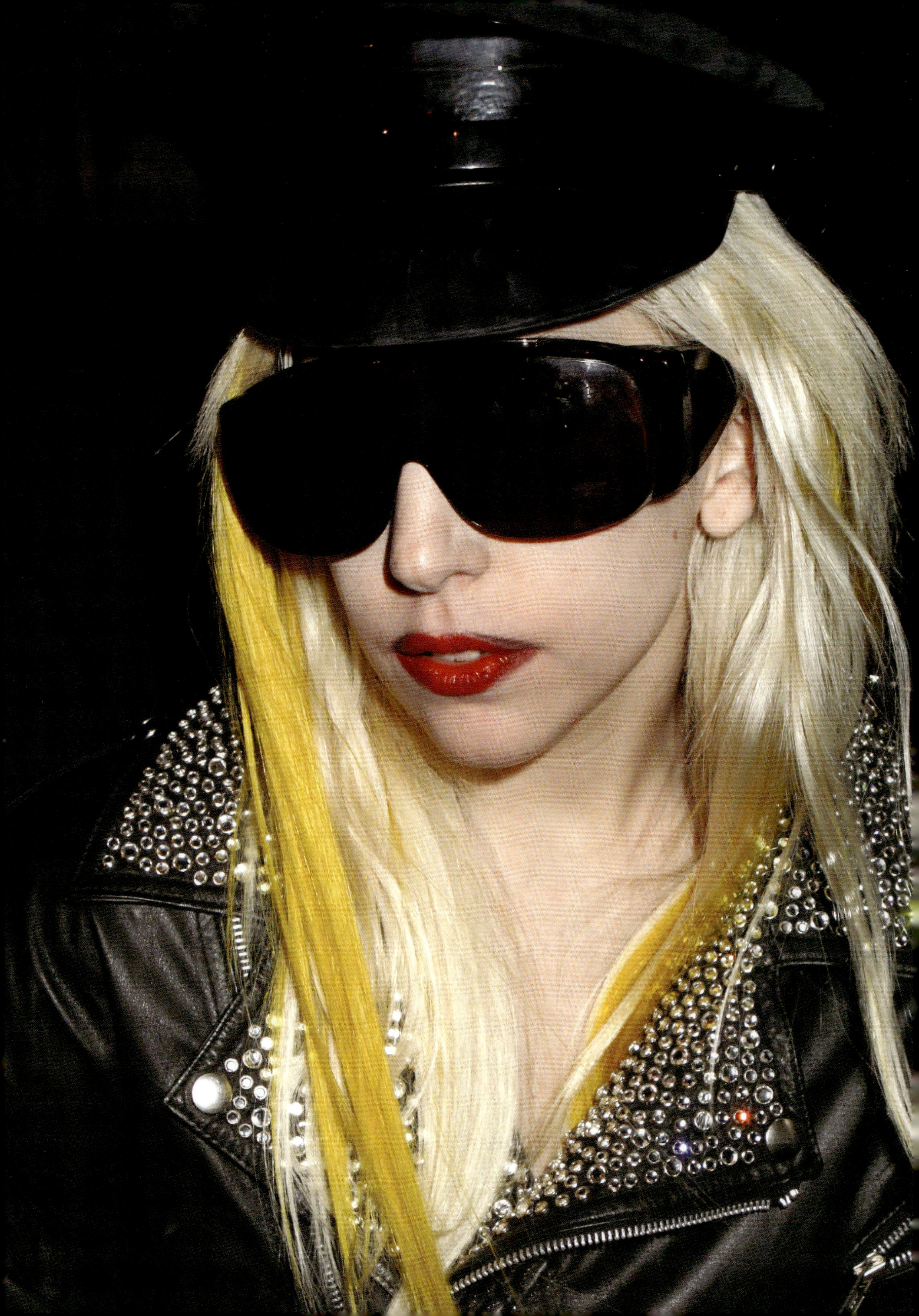

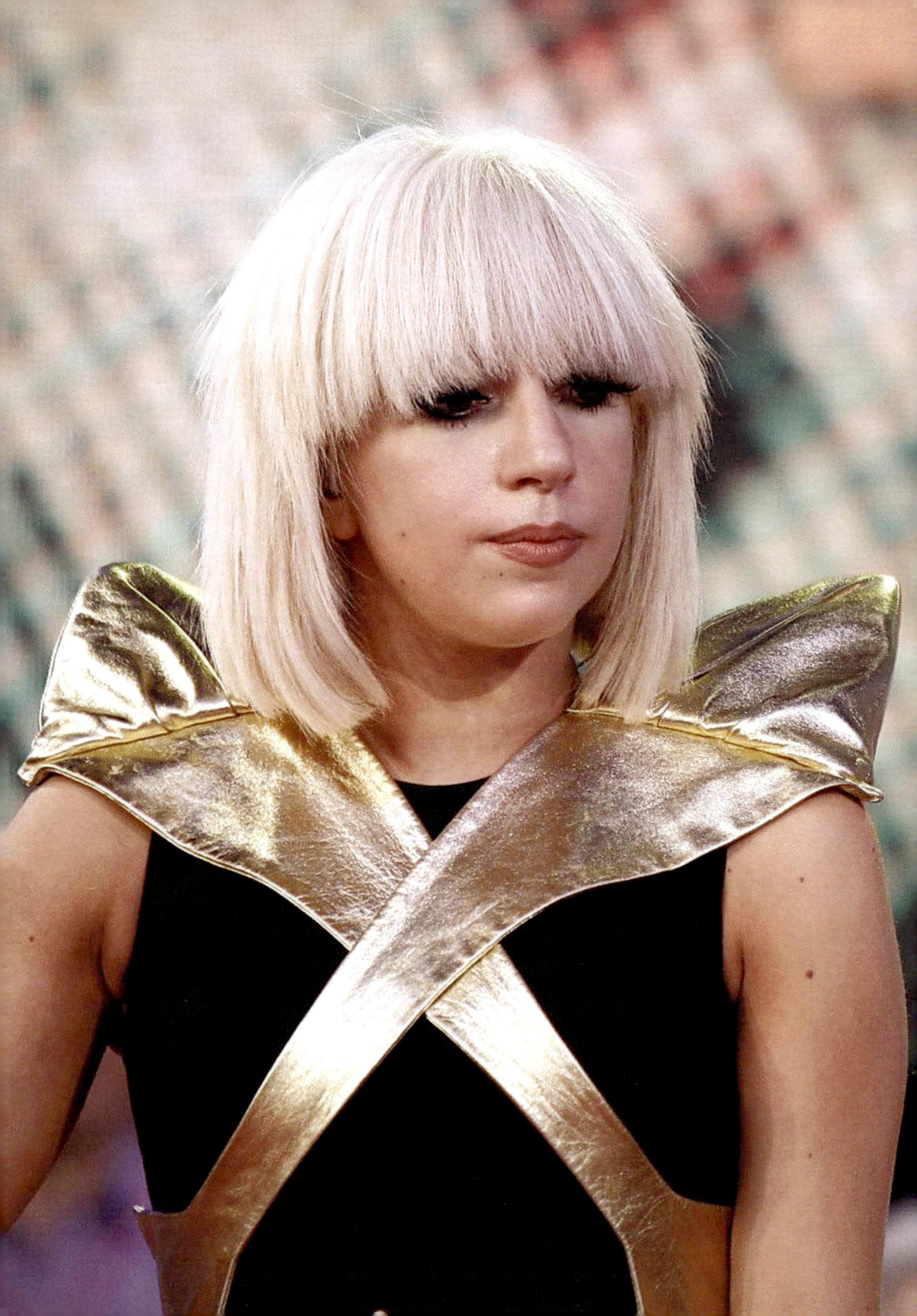

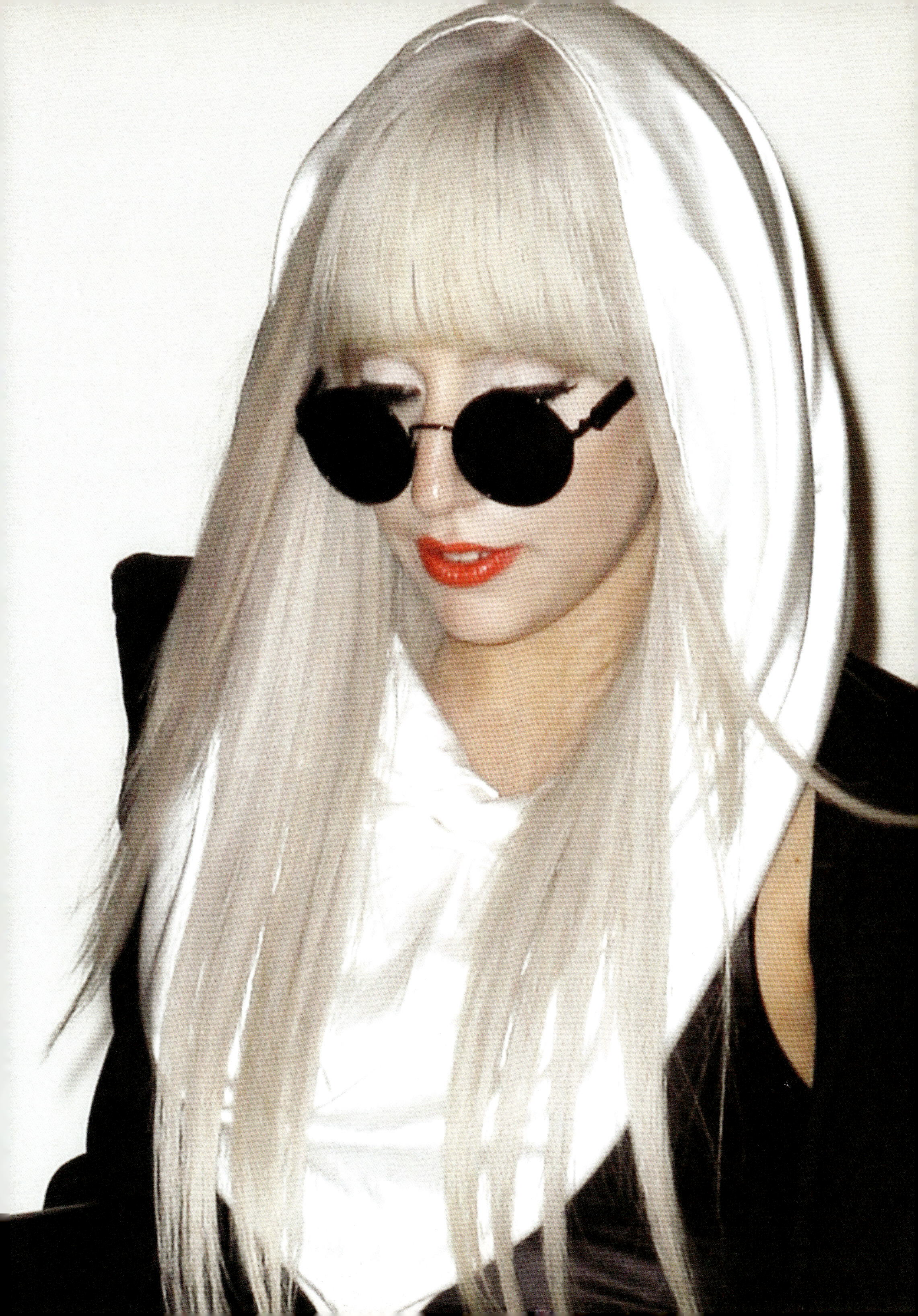

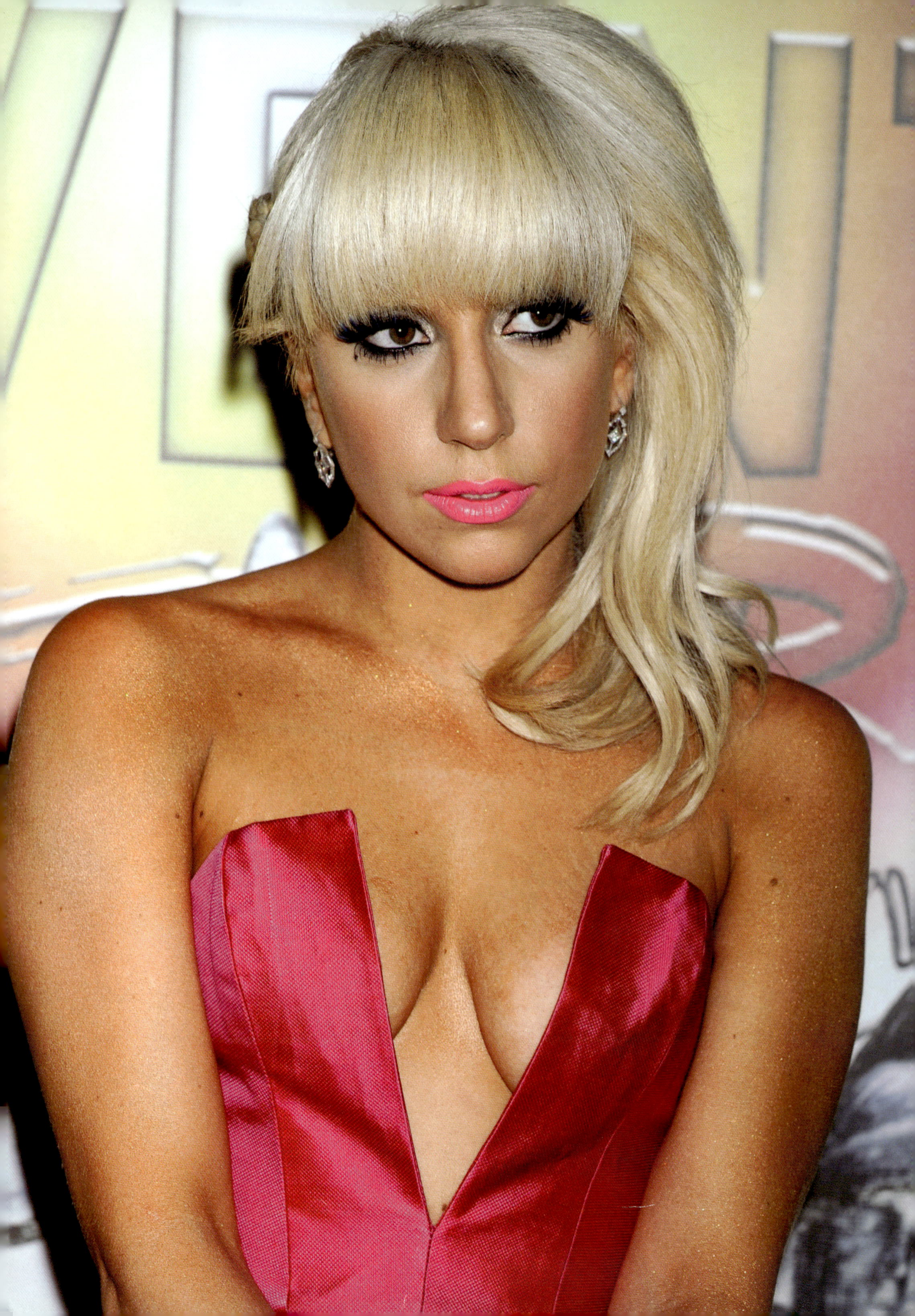

**"Algumas garotas eram mesquinhas. Elas zombavam de mim porque eu me vestia de um jeito diferente e tocava em bandas. Elas não conseguiam aceitar por que eu era tão compulsiva."**

> **Eu tinha esse sonho e realmente queria ser uma estrela. Eu era quase um monstro no sentido de ser destemida com as minhas ambições."**

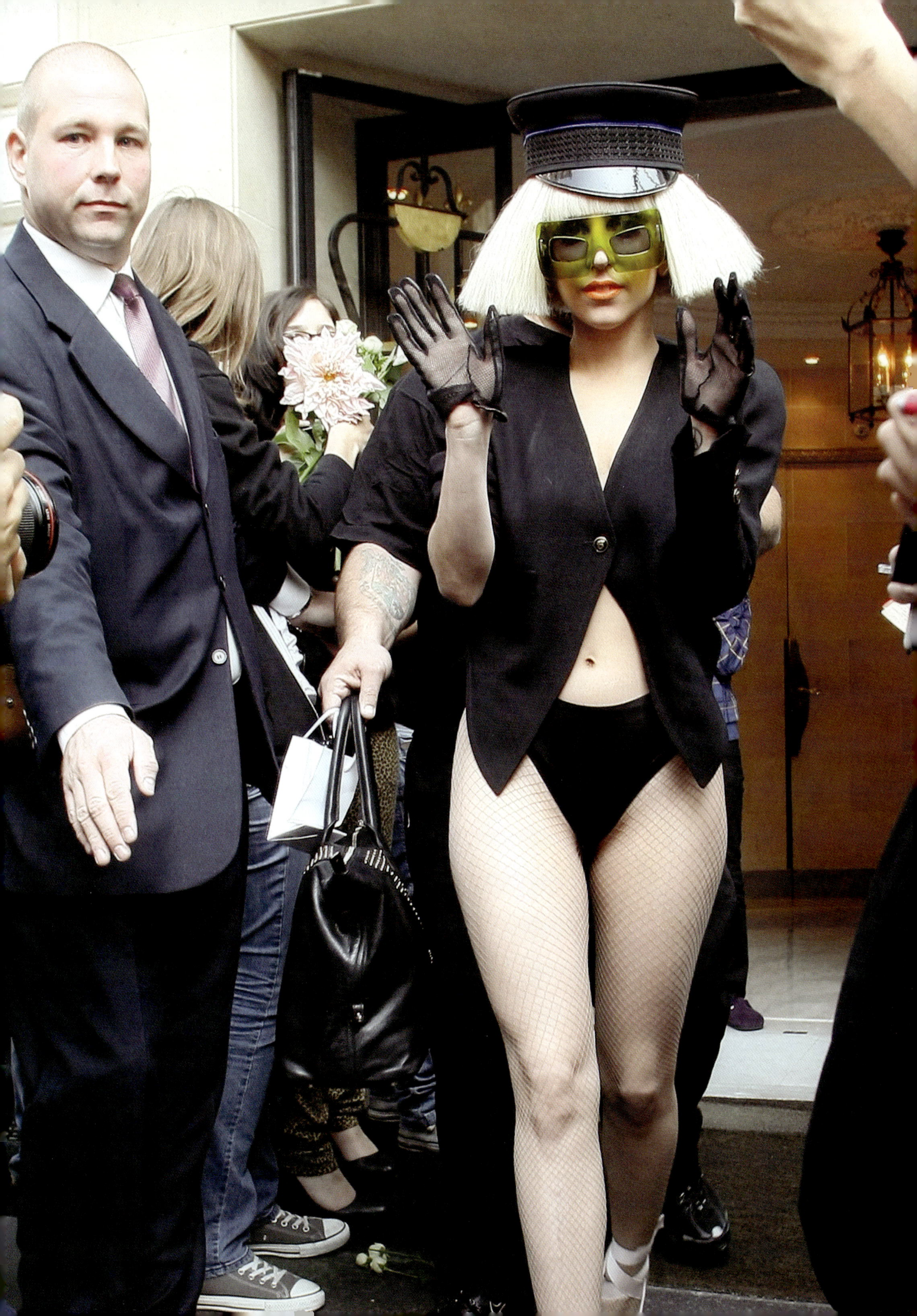

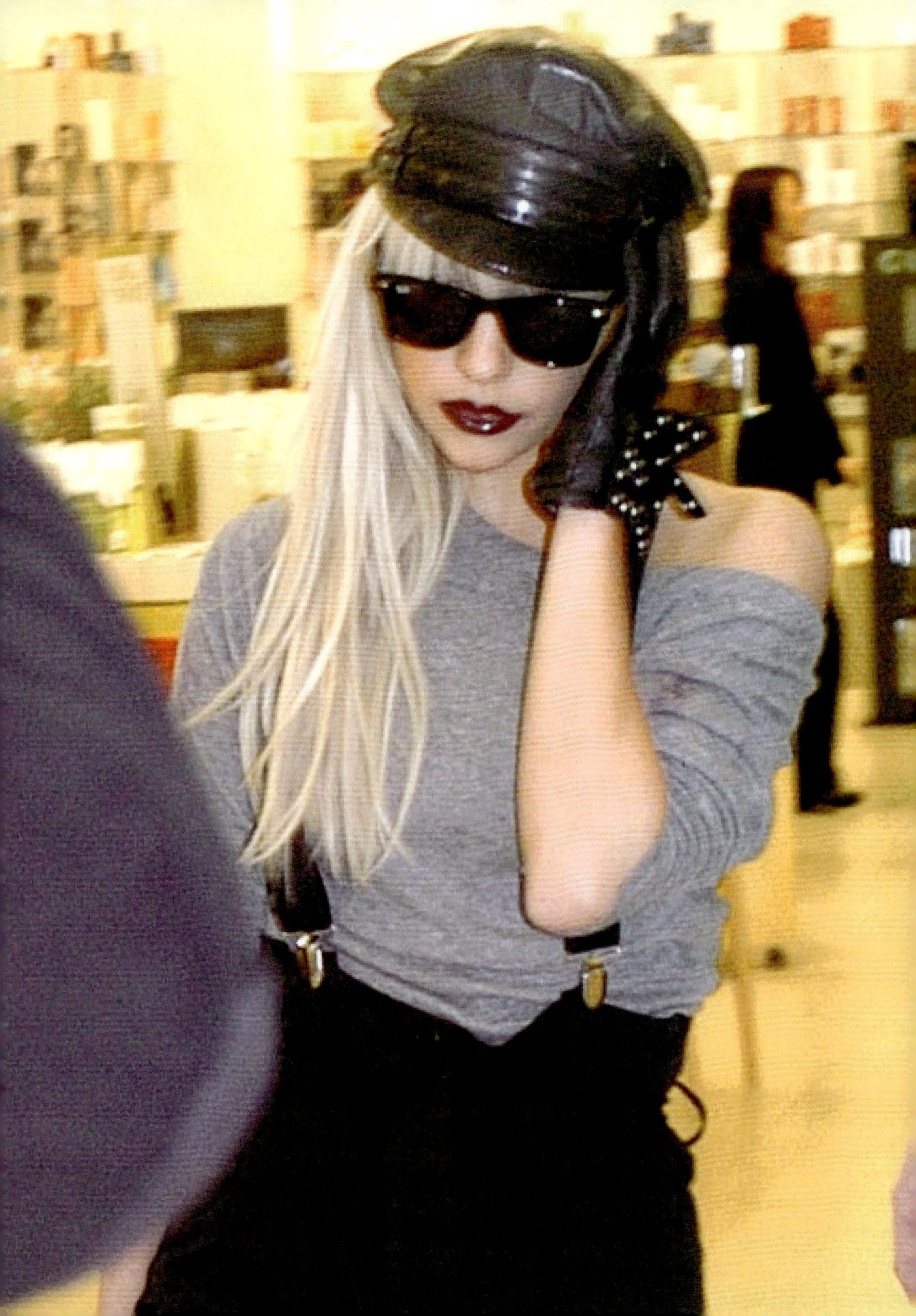

"

**Gosto de ser imprevisível, e acho que é bem imprevisível promover a música pop como um meio intelectual."**

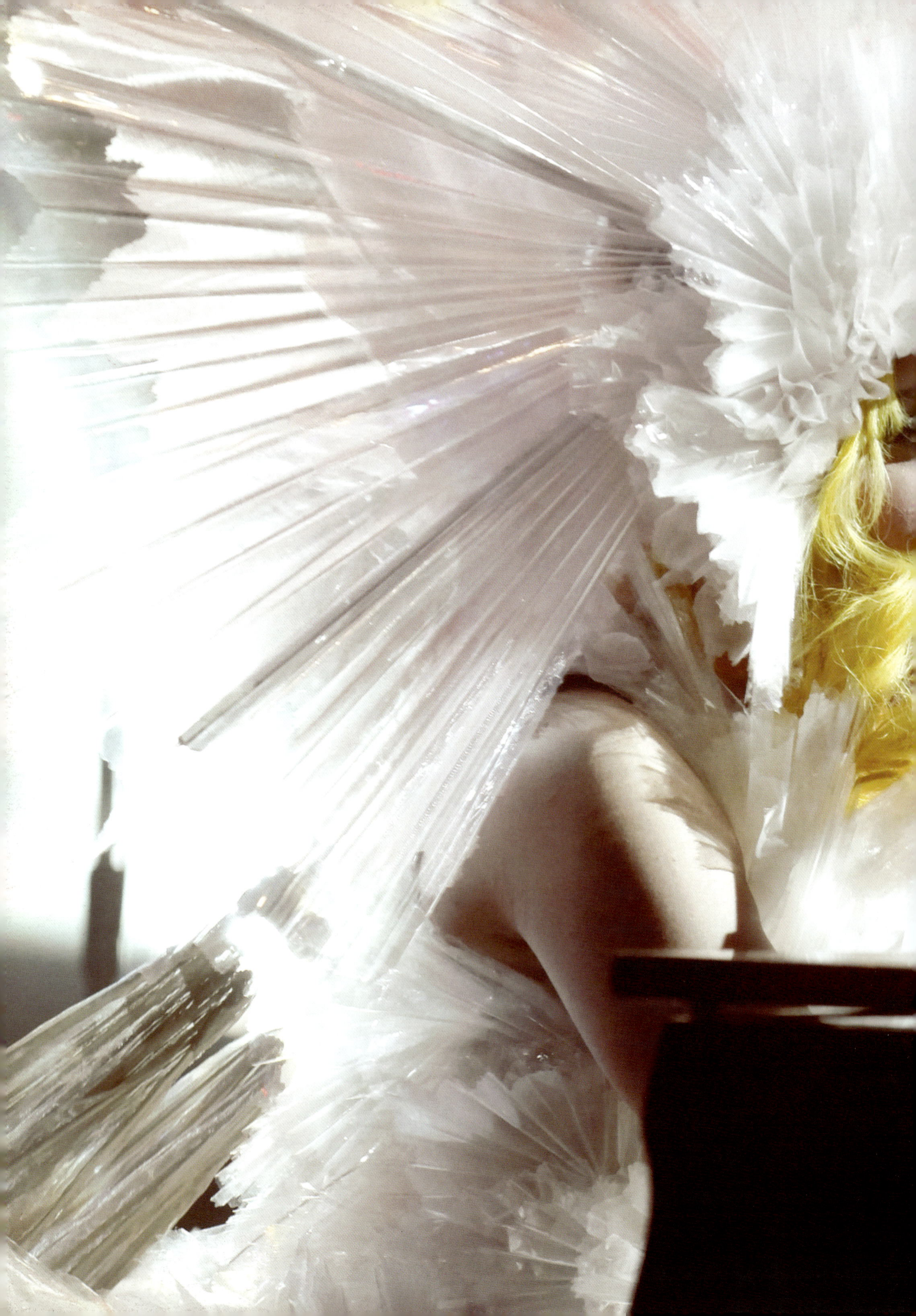

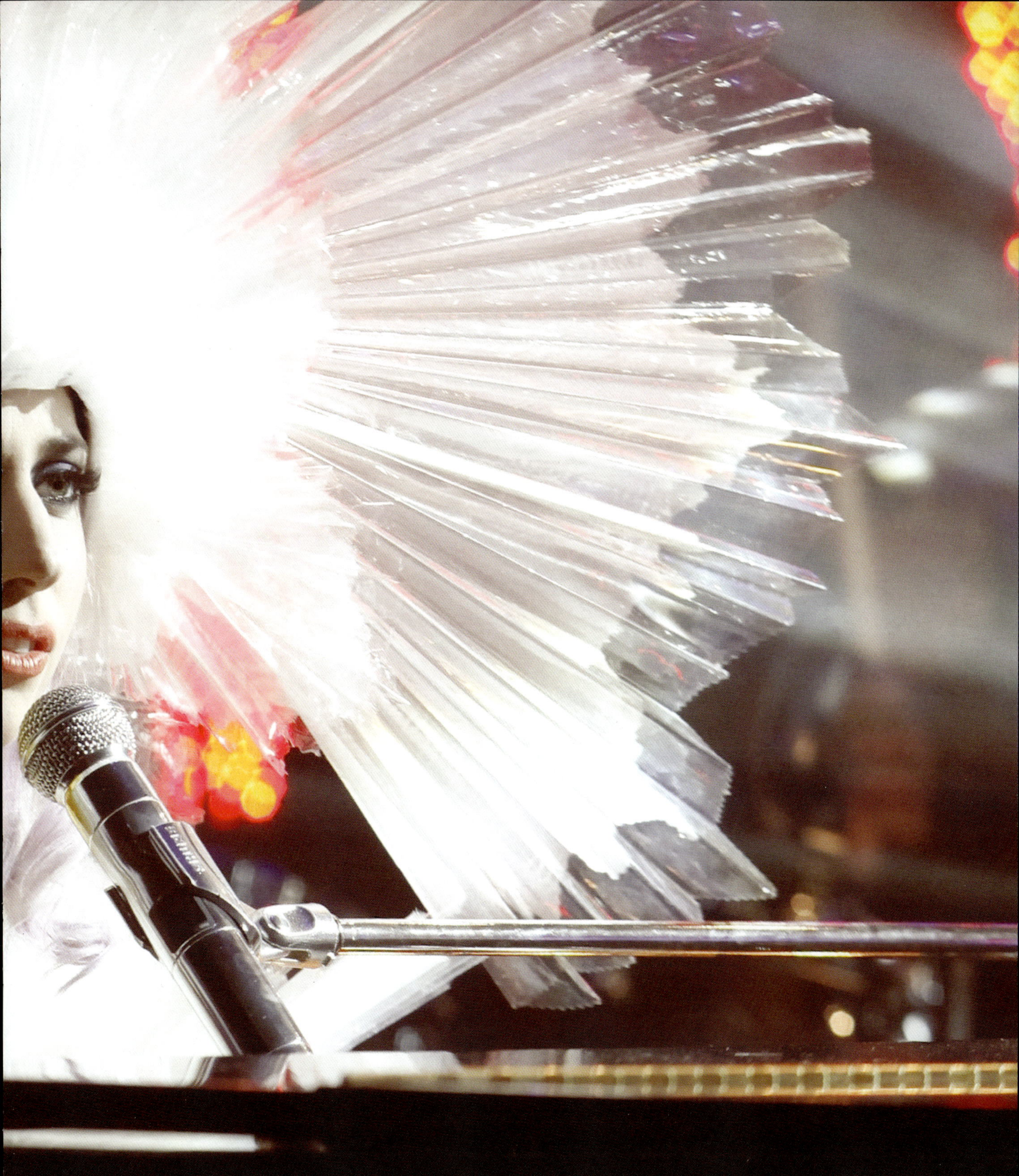

# 2

## JORNADA PARA GAGA

Como ela explica em seu site, esse período de trabalhar em alguns dos clubes menos limpos e que não tinham um ambiente tão familiar de Nova York foi uma parte importante de sua "jornada para Gaga". "Já faz um tempo desde que uma nova artista pop fez seu caminho na indústria da música de um jeito ultrapassado/de acordo com suas origens, dando o sangue em apresentações em clubes decadentes e autopromoção. É uma pop star que não foi tirada de uma seleção de modelos, não nasceu em uma família famosa, não ganhou um reality show para músicos na TV nem surgiu de um seriado adolescente de TV a cabo. "Fiz isso do jeito que supostamente era para ser feito. Me apresentei em todos os clubes de Nova York e fracassei em todos os clubes e, então, arrasei em todos eles e me encontrei como artista. Aprendi a sobreviver como artista, a encarar a realidade e como fracassar e, então, descobrir quem eu era como cantora e artista. E trabalhei bastante."

Mesmo que os locais e roupas tenham subido de categoria, as letras e temas se mantiveram abaixo da linha de respeitabilidade; algumas de suas canções mais famosas estão salpicadas de referências sexuais. "Poker Face", por exemplo – uma canção de seu álbum de estreia, *The Fame* –, é sobre bissexualidade e aposta, e fala sobre "bluffin' with my muffin" [se aproveitar de seu "muffin"]. "Claro que é a *poker face* da minha xana! Peguei esse verso de uma outra canção que escrevi mas nunca lancei, chamada 'Blueberry Kisses'", disse ela à *Rolling Stone*. "Era sobre uma garota cantando para o namorado sobre como ela quer que ele faça sexo oral nela, e usei a letra. 'Blueberry kisses, the muffin man misses them kisses' [Beijos de blueberry, o homem muffin sente falta deles, dos beijos]". E, na canção "LoveGame", do mesmo álbum, ela faz uma declaração impudica: "I wanna take a ride on your disco stick" [Quero montar no seu bastão]. "É uma de minhas metáforas divagantes para um pau", diz ela. "Eu estava em uma danceteria e fiquei muito a fim de alguém e disse para ele: 'I wanna ride on your disco stick'. No dia seguinte, eu estava em um estúdio e escrevi a canção em cerca de quatro minutos. Quando apresento a música ao vivo, tenho um bastão de verdade – parece um instrumento de prazer gigante feito de açúcar cristalizado – que acende".

Foi durante esses dias que ela apareceu com o nome pelo qual todos a conhecem agora, Lady Gaga. "Eu estava me apresentando em Nova York e meus amigos começaram a me chamar de Gaga. Eles diziam que eu era muito teatral... Então eles disseram: 'você é Gaga'." O compositor e produtor de New Jersey, Rob Fusari, estava trabalhando com ela na época. O Queen sempre foi um dos grupos favoritos dela, e Freddie Mercury tinha uma inclinação similar para o dramático – o apelo performático dele não tinha a ver, de forma alguma, só com o vocal. O melhor exemplo disso, diz ela, foi quando ele apareceu no palco vestido de realeza, com sua capa e insígnias. "Quando ele está com trajes de rei, com o cetro. Se igualar à realeza é uma coisa tão feminina de se fazer. Nos vestimos como princesas e rainhas e também usamos coroas, mas Freddie criou essa imagem dele mesmo como uma realeza do rock. Essa *performance* grita: 'Olhem para mim! Sou uma lenda!'."

Percebendo suas influências, Fusari lhe disse que ela soava como Freddie Mercury. "Todos os dias, quando Stef vinha para o estúdio, em vez de dizer 'oi', eu começava a cantar 'Radio Ga Ga'", diz ele. "Essa era a música de entrada dela. O nome dela, na verdade, foi um erro; digitei 'Radio Ga Ga' em uma mensagem de texto e houve uma autocorreção, então, de alguma forma, 'Radio' virou 'Lady'. Ela me escreveu de volta: 'É isso'. Depois desse dia, ela era Lady Gaga. E disse algo como: 'Não me chame mais de Stefani'."

Ao se apresentar no Lower East Side com outras bandas um pouco mais conhecidas, Stefani – agora, de modo crescente, conhecida como Lady Gaga – começou a atrair atenção para si mesma. Com 19 anos, ela começou a frequentar os escritórios do selo de hip-hop Def Jam, e assinou contrato – aparentemente porque o diretor executivo, Antonio "LA" Reid, ouviu-a cantando perto de seu escritório. Ela posteriormente diria sobre o processo de fazer música: "Escrever um álbum é como namorar vários homens de uma vez. Você os leva aos mesmos restaurantes para ver se eles atendem suas expectativas e, em algum momento, você decide de quem gosta mais. Quando você faz música ou escreve ou cria, cabe a você transar de modo alucinante, irresponsável e sem camisinha com qualquer ideia sobre a qual esteja escrevendo no momento".

Infelizmente, não foi o suficiente. Depois de apenas três meses, Reid decidiu que o som dela não era bom, e ela foi descartada do selo. Mas aí foram plantadas as sementes de seu maior sucesso, porque foi nessa época que conheceu Nadir Khayat, o compositor e produtor marroquino-sueco mais conhecido como RedOne.

"Tentei por tantos anos", RedOne afirmou ao *Wall Street Journal*. "Tive sucesso na Europa e com a música-tema para a Copa Mundial de 2006. Como eu não tinha um grande nome nos Estados Unidos, ninguém trabalhava comigo. Trabalhei com artistas não contratados. Não queria mais fazer isso. Meu agente me ligou e queria que eu conhecesse essa garota. 'Ela é contratada?' 'Não, ela acabou de ser descartada'." Os dois se encontraram e fizeram história. "Ela estava de óculos e disse: 'Hey, Lady Gaga'. Eu não tinha ideia de como era a voz dela, mas só de olhar para ela já fiquei curioso. Entramos em um táxi e, em nosso caminho para o estúdio, ela apareceu com 'Boys Boys Boys'. Fomos para o estúdio e a escrevemos no primeiro dia. Nós só nos conectamos e nos conectamos." O talento de RedOne se misturou perfeitamente ao de Gaga, e eles surgiram com o som futurístico pelo qual são famosos hoje. "Fizemos canções de rock com sintetizadores. Em relação ao som, ao modo como as faixas são construídas, são como canções de rock", disse ele. "Mantive a energia daquelas grandes baterias, mas em vez de fazer os *riffs* na guitarra, apenas os fiz com sons futurísticos. No YouTube você pode encontrar todas essas versões que as bandas de rock fizeram, e isso funciona. Você pode fazê-los com violões. E, também, meus refrões precisam se expandir. E não se esqueça dos *riffs*. *Riffs* em cada parte da canção. Você não quer perder o ouvinte a qualquer momento. Você quer que eles memorizem isso."

A canção do início, "Boys Boys Boys", foi inspirada pela "Girls Girls Girls", do Mötley Crüe. "Eu queria escrever a versão feminina, mas com meu próprio toque. Queria escrever uma canção pop de que os roqueiros gostassem", explica ela. Mas, tecnicamente, não há nada de especial em sua música. É empolgante, é cativante, é competente – assim como a música de centenas de outros artistas, incluindo alguns com os quais os críticos a comparam (notavelmente, Gwen Stefani e Madonna). Considerando todo seu aprendizado acadêmico que ela diz instruir seu trabalho, até as letras não oferecem nada particularmente profundo:

"I like you a lot lot/Think you're really hot hot/Let's go to the party/Heard our buddy's the DJ/Don't forget my lipstick/I left it in your ashtray" [Gosto muito muito de você/Te acho quente quente de verdade/Vamos para a festa/Ouvi que nosso amigo é o DJ/Não se esqueça do meu batom/Eu o deixei no seu cinzeiro]. A explicação dela para o seu apelo desproporcional: é mais do que apenas música. Tem a ver com o modo como é cantada e com as roupas – é da experiência completa que as pessoas gostam. "Para mim, o trabalho não termina com a canção; tem a moda, a *performance* e, então, a trajetória da energia, já que ela sai de todas as íris dos fãs na plateia e volta para mim."

Ser Gaga – não apenas se autodenominar Gaga – é, diz ela, a chave para o seu ato. Ela não finge para o mundo tanto quanto convence a si mesma de quem ela é. Quando a revista *Rolling Stone* perguntou qual era a diferença entre Stefani Germanotta e Lady Gaga, ela respondeu: "A maior ideia errônea é a de que Lady Gaga é uma *persona* ou uma personagem. Eu não sou – até minha mãe me chama de Gaga. Sou 150.000% Lady Gaga todos os dias".

Fundamental para sua imagem da moda é o retrô – ela abarca todos os tipos de influências dos anos 1980, musicalmente e, em particular, em termos de recursos que ela reúne para os shows. Isso é algo que ela chama de "retrossexual". "Inventei isso há muito tempo. Eu e meu amigo Tom estávamos passeando um dia no estúdio e falando sobre metrossexuais, porque ele tinha comprado um par de botas e eu disse: 'Elas são muito metrossexuais'. E ele respondeu algo do tipo: 'Não sei, acho que elas são meio retrô'. E eu disse: 'Então você é retrossexual'. Foi meio brincadeira.

Quanto mais eu pensava nisso – sou tão obsessiva com todas as coisas retrô, anos 70 e 80 –, sei lá, essa palavra meio que saiu da minha boca um dia e isso me prendeu. Sempre faço isso – se invento termos, eles se tornam o elemento principal do meu projeto todo ou de uma música inteira."

Gaga começou a compor canções a sério, auxiliada por uma variedade de influências musicais e também por alguns produtores bem conhecidos. Sendo o maior deles, talvez, RedOne. "RedOne é como o coração e a alma do meu universo. Eu o conheci e ele abraçou totalmente, 150.000%, o meu talento, e foi como se precisássemos trabalhar juntos. Ele foi um pioneiro para a Haus of Gaga, e sua influência sobre mim tem sido imensa. Eu realmente não poderia ter feito isso sem ele. Ele me ensinou do jeito dele – mesmo não sendo escritor, ele é produtor –, me ensinou como ser uma letrista melhor, porque comecei a pensar sobre melodias de um jeito diferente."

A apreciação é claramente mútua, uma vez que o sucesso posterior de Gaga também lançaria a carreira de RedOne nos Estados Unidos, e ele está pensando em trabalhar com ela em um terceiro álbum. "Isso mudou a minha vida e a vida dela de um jeito fundamental", disse ele ao *Wall Street Journal*. "Eu tinha trabalhado sem parar nesses 14 anos. Quando conheci Gaga, esses 14 anos fizeram sentido. Agora ficou muito mais fácil trabalhar com quem eu quero. Mas estou tentando ser esperto. Quero fazer a coisa certa e trabalhar com artistas que tornarão meu histórico musical melhor, em vez de fazer centenas de projetos para ganhar dinheiro. Você tenta aprender com os erros de outras pessoas."

E também com o sucesso delas. Enquanto há pouco de realmente original na música de Gaga, ela é um mosaico de triunfos, pegando o que funciona de outros artistas e construindo algo a partir deles que poderia ter se tornado um desastre ao estilo Frankenstein, mas, na verdade, tem um tipo de alquimia endiabrada. A banda Scissor Sisters é um exemplo. "Ah, eu adoro eles", entusiasma-se ela. "Me lembro da primeira vez em que os ouvi, estava tocando no rádio e falei algo do tipo: 'Que diabos é isso?'. Eles são uma grande influência. Adoro o ritmo, os trajes, e eles realmente se importam com sua *performance*. Conceitualmente, penso que eles são muito inteligentes em sua abordagem. Também sou uma grande fã de Elton John, e você pode ouvir a influência em cada música. Eu os amo. Eles eram grandes – realmente pensava neles quando fiz 'Dirty Rich'."

Ela estava compondo seu próprio álbum quando o compositor e produtor de R&B Akon ouviu o que ela estava fazendo e pediu para que ela o ajudasse com a música dele. Esse foi um ponto de virada para Gaga: de repente, ela tinha sido notada por alguém muito talentoso e suas próprias habilidades, reconhecidas. Como o encontro dela com RedOne, a associação tem sido longa, frutífera e mutuamente benéfica. "Akon é um compositor muito talentoso com quem trabalhar. Suas melodias... elas são simplesmente insanas. É divertido, penso muito nele quando estou fazendo minhas melodias, porque ele é tão simples e tem sido ótimo. Ele me mantém de pé, com os pés no chão, mas também me dá as coisas de bandeja, o que é sempre muito legal. Então tem sido uma influência incrível. É como se toda vez que você trabalhasse com alguém melhor que você, você se tornasse melhor".

De repente, em um inacreditável curto período de tempo, ela estava colaborando com todos os tipos de diferentes artistas como musicista free-lance. Seu ídolo de infância, Britney Spears, foi uma das pessoas com quem ela trabalhou, e também com New Kids on the Block e Pussycat Dolls – outros de seus modelos e influências. "Bom, sabe, em primeiro lugar, eu adoro uma garota de lingerie", ela explica a atração. "Em segundo lugar, estou escrevendo para elas, então Nicole Scherzinger tem estado na minha cabeça, provavelmente, nos últimos três meses. Existe uma coisa muito modesta em poder escrever para um grupo famoso como esse. Provavelmente, a maior influência que elas tiveram sobre mim foi me fazer querer ser uma letrista melhor para elas."

Ao ser descartada pela Def Jam, ela estava pronta para ouvir os conselhos dos outros, além de perceber que as pressões do mercado comercial significava que ela não poderia fazer tudo exatamente como queria, mas teria de adaptar seu estilo ao que venderia. Ela assinou contrato com a Interscope Records, mas as estações de rádio nem sempre estavam interessadas em sua música. "Eles diziam: 'Isso é distinto demais, dançante demais, *underground* demais'. E eu dizia: 'Estou na cena da música há anos e estou te dizendo: isso é o que vai surgir'. E, veja, eu estava certa."

Apesar disso, levou um tempo e foi necessário um pouco de negociação de ambos os lados antes que ela pudesse reivindicar o sucesso comercial. Quando ela assinou contrato com a Interscope em 2006, diz ela: "Eu estava vestindo jaqueta de motoqueiro e calcinha de paetês com cintura alta. Eu parecia a namorada dos anos 80 do David Lee Roth. Eles disseram algo como: 'Seu cabelo precisa ser mais macio, você parece uma *stripper*'. Eu disse: 'Esse é o único grande selo no planeta Terra que está pedindo para uma artista pop colocar mais roupa?'. Eles queriam que eu fosse eu mesma, mas de um jeito que as pessoas ouvissem, e eu aprecio isso. Fiquei com um olhar mais apurado para isso. Fiquei boa em canalizar minhas ideias por uma lente pop. Não é emburrecer, é desafiador para mim como artista dizer isso de um jeito melhor."

Foi então que a rainha da disco de Lower East Side se metamorfoseou em outra coisa – menos partes grosseiras, um estilo mais refinado, no entanto, mais distintivamente Gaga. Em parte, diz ela, foi a pressão para ser notada. Naquele tempo, no fim de sua adolescência, ela estava desesperada para conseguir sucesso e fama e faria tudo que pudesse para que as pessoas voltassem para ver mais. "Quando comecei, eu era bem autêntica, mas não tão doida. Eu vestia um *collant* e deixava o meu cabelo como o da Amy Winehouse. Eu cantava e tocava piano enquanto usava centenas de orquídeas no meu cabelo. Eu era uma verdadeira garota hippie, mas ótima com isso. Conforme fui crescendo, o show foi ultrapassando limites. Eu dançava como *go-go dancer* na frente de 15 pessoas que não sabiam quem eu era, mas sou uma pessoa destemida, embora agora me dê arrepios quando olho para trás e vejo o quanto eu era ingênua." O que se descobre a partir desses relatos de suas primeiras incursões na música comercial não é sua confiança, mas seu desespero – a forma como ela precisava de atenção, como se isso fosse oxigênio, e não conseguir o que ela queria estava tirando algo vital dela. Considerando essa verdade aparente, ela teve sorte em terminar onde está; há uma linha tênue entre afinar bem, encontrar a mistura exata que transpassará audiências e lançará uma carreira na estratosfera, como ela fez, e ser um perdedor em busca de atenção.

De todas as suas influências, ela diz que Bowie e Queen era o que estava faltando naquele início. A combinação de *glam*, genialidade musical e pura audácia poderia dar a ela o que ela sentia que faltava – às vezes de perto, às vezes de longe. "Queen e David Bowie foram a chave para mim. Quando eu estava me apresentando nos clubes de rock de Nova York, muitos dos selos de gravadoras achavam que eu era teatral demais. E quando eu fazia testes para musicais, os produtores diziam que eu era pop demais. Eu não sabia o que fazer até que descobri Bowie e Queen. As canções deles combinavam pop e teatro, e isso mostrou um caminho." Não só isso, mas quando a carreira musical decolou como deveria, ela descartou outras coisas inúteis envolvidas em sua "jornada para Gaga", arquivando as drogas e a experimentação sexual que teve, afirma ela, como uma parte necessária do processo, mas agora anuncia o fim disso. Hoje em dia ela tenta minimizar o papel que o sexo, as drogas e outras experimentações curiosas teve – ela fica quase (mas não muito) constrangida com isso e, se não pela fase em si, pelo interesse que a mídia teve nisso. "Acho que é uma mensagem terrível para os jovens o fato de você ter arruinado a sua vida para fazer música, porque eu não acho que você tem que fazer isso", disse ela à AP. "Mas é só o jeito que meu cérebro e meu coração e minha obsessão pelo amor e pela arte estavam agindo naquela época."

No início de 2007, ela estava trabalhando bastante em vários projetos diferentes – no lançamento de seu álbum de estreia, *The Fame*, e também com vários outros artistas. Ela assinou contrato com a Streamline Records (um selo da Interscope), mas Akon também a contratou para o seu selo Kon Live Distribution. Ela se mudou para Los Angeles a fim de lidar melhor com a carga de trabalho – no entanto, disse ela à *NY Magazine*, sua vida social sofreu com isso. "O que eu deveria fazer? Ficar grudada em celebridades em danceterias, com um drink de Midori com limão na mão? Não é o mesmo que estar em um bar que tem cheiro de xixi com todos os seus amigos realmente inteligentes de Nova York."

Embora ela não tivesse um álbum lançado ainda, as *performances* ao vivo estavam subindo de categoria. Em vez dos clubes baratos no Lower East Side, as apresentações que ela fazia agora abrangiam Lollapalooza, o festival de música alternativa norte-americano que ajudou a lançar a carreira de muitas bandas, incluindo Pearl Jam, Smashing Pumpkins e Green Day.

Em Lollapalooza, 2007, a mulher anteriormente conhecida como Stefani Germanotta tinha uma aparência surpreendente – apesar de ainda não ter desenvolvido completamente a Gaga que conhecemos hoje. Por exemplo, seu cabelo loiro, marca registrada, ainda não tinha sido adotado; ela ainda era naturalmente morena. Mas seus trajes estavam em andamento. Ainda que não tivesse orçamento para desenvolver algumas de suas roupas mais extravagantes, ela claramente aderiu à máxima de que menos é mais. "Ela não está mais aqui", ela disse sobre Germanotta. "Ela está coberta de paetês." Ela chamou seu *look* de "obsceno" e "inaceitável" – até as roupas que ela vestia fora do palco eram uma confusão de peças que ela própria tinha criado. Ela fazia compras no M&J Trimming de Manhattan, que vende borlas, fitas bordadas, fitas em geral e botões; *leggings* na American Apparel, uma loja conhecida, que vende roupas básicas, incluindo itens *vintage*, além de comprar várias peças em lojas para *strippers* que ela encontrava no *red light district* [bairro da luz vermelha], próximo à 42$^{nd}$ Street, em Nova York. "Sabe onde tem cabines de vídeo de 25 centavos? Subindo as escadas, tem roupas..."

Ela estava se apresentando com Lady Starlight, uma DJ e *go-go dancer* nova-iorquina, que foi uma influência para ela desde que se conheceram. Na verdade, Lady Starlight afirma ser a pessoa que fez Gaga tirar a calça. "É louco saber que a maior estrela do mundo foi inspirada por mim. Mas fui eu que falei para ela tirar a calça, porque eu raramente visto isso", diz ela. "Ela é sempre tão legal ao falar de mim. Dar crédito a quem se deve raramente acontece na indústria da música, mas Gaga sempre fez isso e sou muito grata a ela."

As duas se conheceram no 20º aniversário de Gaga, durante seus dias de Lower East Side, quando ela faria qualquer coisa para ser notada – a era do biquíni, do *strip* e do spray de cabelo. Elas fizeram um show chamado *Lady Gaga and the Starlight Review*. "As roupas quase sempre eram presas com cola", lembrou Starlight. "Às vezes elas ficavam presas, às vezes caíam no palco. Sempre queríamos os ornamentos mais reluzentes possíveis... e estar o mais nua possível." Na verdade, Starlight parece ser a maior influência feminina de Lady Gaga. Se RedOne a ajudou com sua música, então Starlight também deve ser creditada – por, pelo menos, parte de seu *look*. "Ela já estava trabalhando em seu álbum e muito do que está em *The Fame* eram canções que havíamos apresentado. Como sou 11 anos mais velha que Gaga, me vejo como mentora dela."

"Lady Starlight e eu colocávamos vinis em meu apartamento, enquanto costurávamos nossos biquínis para o show, ao som de David Bowie e New York Dolls", diz Gaga. Então era apenas justo que as duas se apresentassem em Lollapalooza juntas – parte da ascensão de Gaga ao domínio e talvez uma das últimas vezes em que as pessoas a olhariam e se perguntariam quem era ela.

A influência de Starlight no festival é inegável. Ela se apresentou com uma roupa de Iron Maiden e biquíni verde neon; Gaga tinha sua calça preta luxuriosa e seu biquíni de paetês. "Quando as pessoas veem uma garota com duas peças pela cidade elas pensam que ela é uma vadia", disse Gaga depois. "Achamos isso incrível. Isso é rock 'n' roll. Como David Bowie fazendo Ziggy Stardust usando agasalho: ninguém quer ver isso."

"Acho que desafiador e extravagante são duas coisas diferentes", diz ela, apesar de ser censurada pelas duas coisas em sua época. Sua "Haus of Gaga" foi fundada para suprir suas necessidades únicas de moda e, embora haja uma equipe em tempo integral, ela supervisiona tudo lá. "Há um método para a minha estética. Não escolho as peças apenas com base em seu valor de choque. Eu realmente penso que o que visto e o que desenhamos como um grupo é muito bonito e quando as pessoas dizem que é extravagante ou excessivo, para mim, quer dizer apenas que não compartilhamos as mesmas referências. O Danilo, por exemplo, sabe quem é Thierry Mugler. Ele está bem familiarizado com seu trabalho, ele conhece as linhas, ele conhece os modelos, viu a progressão de seu trabalho e seus arquivos desde a década de 70. Então, se o Danilo vê que uma peça que desenhei é inspirada em Mugler, ele diz: 'Oh, isso é fantástico, eu adoro isso'. Enquanto alguém que não conhece Mugler pode dizer: 'Oh, você parece um robô transexual'. Elas apenas não entendem a referência. Mas não cabe a mim fazer algo que seja inofensivo para as pessoas. Eu só faço o que acho bonito."

Para o uso do dia a dia, não fica menos extremo (atualmente, nos dias de folga, ela usa as mesmas roupas estranhas e maquiagem pesada de suas aparições públicas). "Tem que ser engraçado. Vivo para ser diferente." E mesmo isso tendo causado inimizades um dia, agora é o segredo de seu sucesso. "É uma festa", diz ela sobre o primeiro Lollapalooza. "Tudo pelo qual meus amigos tiravam uma com a minha cara é o que as pessoas querem mais. Mais paetês, mais lycra, sim, por favor." As duas tiveram cuidado no preparo: um grande globo de danceteria suspenso no palco, com elas assumindo poses dramáticas e uma máquina de neblina produzindo fumaça. Seu sutiã combinava com o globo, tinha pequenos espelhos grudados em toda parte dele, sua calcinha preta tinha um adorno de espelhos. Elas adotaram o velho truque do spray de cabelo, jogando spray em seus cabelos e depois acendendo fogo com jatos de aerosol. "Eu não queria cantar sobre ter meu coração partido nem sobre a paz mundial", disse Gaga. "Moda, atitude e estilo – respiramos por isso. Brincamos que nosso namorado em tempo integral é nossa vaidade."

Lollapalooza, sua primeira grande *performance*, foi muito divertida, mas também exigiu bastante trabalho árduo. "Foi uma explosão. Quero dizer, foi um pouco estressante; tivemos grandes dificuldades técnicas no palco. Não é uma *performance* que escolho realmente lembrar com carinho. Apesar de tudo, o que mais adorei nisso foi que o mundaréu de hippies, entre outros, que estava lá não estava esperando o que viu, e adorei o aspecto de arte do choque disso. Na verdade, espero incorporar algumas coisas bem interessantes no show que captam suas reações e essas coisas. Vocês verão mais disso no futuro."

Enquanto o público adorou isso, nem todos ficaram tão impressionados – para citar nomes, a polícia. "Eu estava em Chicago e tinha uma desculpinha para o caléçon que estava usando. De repente, ouvi alguém gritar: 'Coloque o seu traseiro para dentro da cerca! Tem crianças por aqui.' Olhei para o cara de bicicleta com um capacete e não percebi que estava olhando para um oficial da polícia de Chicago. Só gritei: 'Sou uma artista, é moda', e ele disse: 'Não ligo para quem você é, você tem que vestir a calça'. Então me meti em encrenca." Apesar de uma multa por exposição indecente, ela conseguiu ver o lado engraçado disso. "Há um grande festival com pessoas consumindo cocaína e maconha e ele vem me abordar?" De qualquer forma, ela acrescentou: "Eu queria mesmo ser algemada em um macacão".

Não é surpreendente que a polícia não conseguisse entender sua roupa. No melhor das hipóteses, há pessoas que olham para ela e não conseguem nem entender direito por que tanto barulho – ou simplesmente não entendem. "Estou sempre tão confusa", disse ela à AP, reclamando primeiramente sobre os jornalistas que a seguem. "Às vezes eles perguntam: 'Então, o que tudo isso significa?... Qual a sua aparência quando você vai para casa? Você se veste assim o tempo todo?' É rude! Não é legal."

O fato é que ela atrai esse tipo de atenção pela natureza de quem ela é. Enquanto a maioria dos artistas – até os mais extravagantes – vai tirar a maquiagem e as roupas no fim da noite e colocar os pés para cima, ela sustenta o *look* 24 horas por dia, 365 dias por ano. Raramente, desde que ela se tornou totalmente Gaga, um paparazzo a fotografou com a aparência de uma celebridade comum em seus dias de folga. Ela quase sempre está usando uma roupa Gaga, tanto para uma entrevista comedida quanto para um dia na cidade. Lady Gaga vestindo calças comuns é motivo para uma manchete, em se tratando de tabloides. Na verdade, na metade do tempo, ela não usa calcinha também. "Não muito, não. É raro eu usar. Não tem lógica. E não tenho vergonha disso."

O laço de cabelo, sua marca registrada, é outra característica que ela não gostaria de deixar no palco – ela sente que isso é parte de quem ela é. "A minha realização como Gaga aconteceu há cinco anos, mas Gaga sempre foi quem eu sou", disse ela no ano passado. "Não gosto quando as pessoas me chamam de Stefani, porque se elas não me conhecem, sinto como se fosse o jeito de elas agirem como se conhecessem... elas estão ignorando completamente minha existência criativa. Lady Gaga é quem eu sou."

Ela alega sempre ter sido a celebridade que vemos hoje em nossas telas e ouvimos no rádio; ela só não sabia isso naquela época. "Sempre fui Gaga. Acontece que, em todos esses anos de escola, estando em um ambiente católico e vivendo em um lugar onde nos diziam qual era o jeito certo de ser, reprimi essas excentricidades em mim para que eu pudesse me encaixar. Quando fiquei livre, consegui ser eu mesma. Tirei-a de mim, e descobri que todas as coisas sobre mim que tentei tão desesperadamente reprimir por tantos anos eram as mesmas coisas que todos os meus amigos na arte e na música achavam tão amáveis em mim, então eu as adotei."

Em Lollapalooza, em 2007, ela era praticamente uma desconhecida. Em um ano ela estaria dominando o mundo. Até 2008 ela estava trabalhando arduamente para terminar seu álbum de estreia, intitulado *The Fame*. A coleção foi inspirada por seu relacionamento e, depois, rompimento com um homem chamado Luke, um baterista de heavy metal. Os dois se conheceram em 2005, e, apesar de estarem muito próximos, as coisas não funcionaram – algo que, segundo ela, a afetou profundamente. "Eu era a Sandy dele e ele meu Danny, e eu simplesmente terminei", diz ela.

Ela afirmou que esse relacionamento foi uma inspiração direta para "Boys Boys Boys", que ela escreveu com RedOne no primeiro dia de colaboração entre os dois. "Escrevi a faixa como um chamado para acasalamento. Eu estava ficando com esse cara que realmente curtia heavy metal e queria que ele se apaixonasse por mim. Então escrevi essa letra e namoramos por dois anos. Isso me lembra 'Girls Girls Girls', do Mötley Crüe. O subtexto é que, mesmo eu sendo uma mulher muito livre e sexualmente liberal, não odeio homens. Celebro muitos sentimentos americanos relacionados a bares e bebidas e homens comprando bebidas para mulheres. É um sentimento muito heavy metal que celebro em uma canção pop." Mas, diz ela, a canção não é nem de perto tão profunda ou densamente simbólica quanto alguns de seus outros trabalhos. "Não acho que toda letra precisa ter esse subtexto de 'Poker Face'."

A partir de confissões posteriores, parece que sua sexualidade pode ter tido um papel em sua separação de Luke – como foi um problema em relacionamentos posteriores com homens. "O fato de eu ser a fim de mulheres faz com que eles se sintam intimidados", disse ela à *Rolling Stone*. "Isso faz com que se sintam desconfortáveis. Eles dizem algo do tipo: 'Eu não preciso de um triângulo amoroso, estou feliz com você'". Desde o rompimento, ela colocou os homens em um rígido segundo plano em sua lista de prioridades. "Meu namorado atual significa muito para mim, mas a minha música não vai acordar amanhã de manhã e me dizer que não me ama mais. Então me contento em estar sozinha. Escolho ter alguém em minha vida quando puder."

Mesmo que a maioria das letras no álbum tenha sido impulsionada pelo relacionamento que não deu certo com o misterioso Luke, musicalmente, sua inspiração foi bem mais diversa; o álbum tem uma grande variedade de estilos. "Só sinto que este álbum é realmente diferente – você tem hits de baladas, mais glamour dos anos 70, mais canções de cantor-compositor, mais rock." Seu single de estreia, "Just Dance", foi lançado em abril de 2008. Sua vida nunca mais seria a mesma. A canção foi produzida por RedOne e também com a participação de Akon. Foi um número eletrônico alegre que, diz Gaga, exigiu bem pouco esforço para ser escrito. "Eu estava numa grande ressaca. Escrevi a canção em cerca de dez minutos com RedOne. E era a minha primeira vez em um estúdio de Hollywood. Uma sala muito limpa, grande, com autofalantes gigantes." A canção, segundo ela, é sobre "estar totalmente bêbada em uma festa... É sobre todas as coisas que acontecem quando você sai e perde totalmente a cabeça. Nessa situação, nunca queremos realmente parar a festa, então apenas dançamos direto. Você está pensando: 'Que merda, quero ir para casa!', mas seus amigos dizem: 'Não vá para casa, bunda mole, tome outra cerveja', então você bebe, dança e fica bem".

"É subliminar", afirmou ela ao *Telegraph* sobre seu novo single. "Fiz todas as pessoas no planeta em uma danceteria em algum lugar dizerem: 'Adoro essa música, *baby*' ['I love this record baby']. O sucesso é integrar! Para mim, não há nada mais poderoso que uma canção que você possa colocar em um ambiente em qualquer lugar do mundo e alguém se levanta e dança. O pop é isso. Ele ressoa em um nível visceral. Se você colocar uma música clássica para tocar, ela pode ressoar intelectualmente, mas ninguém vai se levantar e se mobilizar."

Seja lá qual foi a receita mágica, ela funcionou. O single alcançou o topo das paradas de sucesso no Canadá e na Austrália. Os Estados Unidos demoraram um pouco mais para perceber, mas, lentamente, o single subiu de posição e ficou em primeiro lugar por cerca de quatro meses depois do lançamento. No Reino Unido, ficou três semanas em primeiro lugar durante janeiro de 2009 – muito para sua alegria. "É um sonho antigo ter um grande hit no Reino Unido – meus fãs lá são sexys e as pessoas são tão inovadoras e livres no modo de pensar sobre a cultura pop e a música pop. Eu estava no meu apartamento em Los Angeles, me preparando para ir ao ensaio de dança, quando eles me ligaram e me contaram, e eu só chorei", diz ela. "Como uma pessoa obcecada por Beatles e David Bowie, isso definitivamente é importante para mim. O Reino Unido tem um jeito muito específico de receber a música pop. Significa um pouco mais ser recebida aqui. Moldo minha música de maneira alinhada com muitos britânicos que vieram antes de mim."

O vídeo desempenhou uma parte importante em seu sucesso. Todos os seus vídeos musicais são inovadores, estranhos, estimulantes – e muitas vezes perturbadores. E ela diz que adorou fazê-los. "Ah, foi tão divertido, foi incrível. Para mim, foi como estar em um *set* do Martin Scorsese. Tive um orçamento baixo por tanto tempo e ter este vídeo inacreditavelmente maravilhoso foi uma verdadeira lição de humildade. Foi muito divertido, mas você vai ver, se um dia vier assistir à filmagem de um vídeo meu, que sou muito reservada com essas coisas; não converso com todo mundo. Não sou como uma garota festeira que fica andando por aí. Posso até parecer ser um pouco diva. Fico meio que comigo mesma, no meu principal espaço de trabalho, me preocupando com as roupas, se a aparência dos figurantes está ok e com o posicionamento. Eu não apenas apareço para as coisas, sabe. Esse vídeo foi uma visão minha. Foi Melina, a diretora, que queria fazer algo, dar um aspecto de arte à *performance* que fosse bem pop, mas que, ainda assim, fosse comercial, que parecesse ser estilo de vida. Aconteceram todas essas coisas, eu amo isso."

Considerando a natureza das *performances*, o vídeo precisa fazer seu trabalho; muitas pessoas apenas ouvem sua música, mas isso é perder um aspecto crucial do que ela faz. "O que se tem perdido na música pop nesses tempos é a combinação do visual e da imagem do artista com a música – e as duas coisas são importantes", sustenta ela. "Então, mesmo que a natureza despreocupada do álbum seja algo que as pessoas estejam ligando às minhas coisas, espero que elas notem a natureza interativa e multimídia do que estou tentando fazer. Gosto de incorporar as coisas que gosto de fazer e o teatro na coreografia. Com a minha música, é uma festa, um estilo de vida, e a vanguarda da música tem a ver com produzir um estilo de vida."

**"Eu era um pouco sexy demais e um pouco estranha. Minhas amigas costumavam me dizer que não importava o que eu estivesse vestindo, mesmo coberta até o pescoço em uma parca, eu parecia estar nua."**

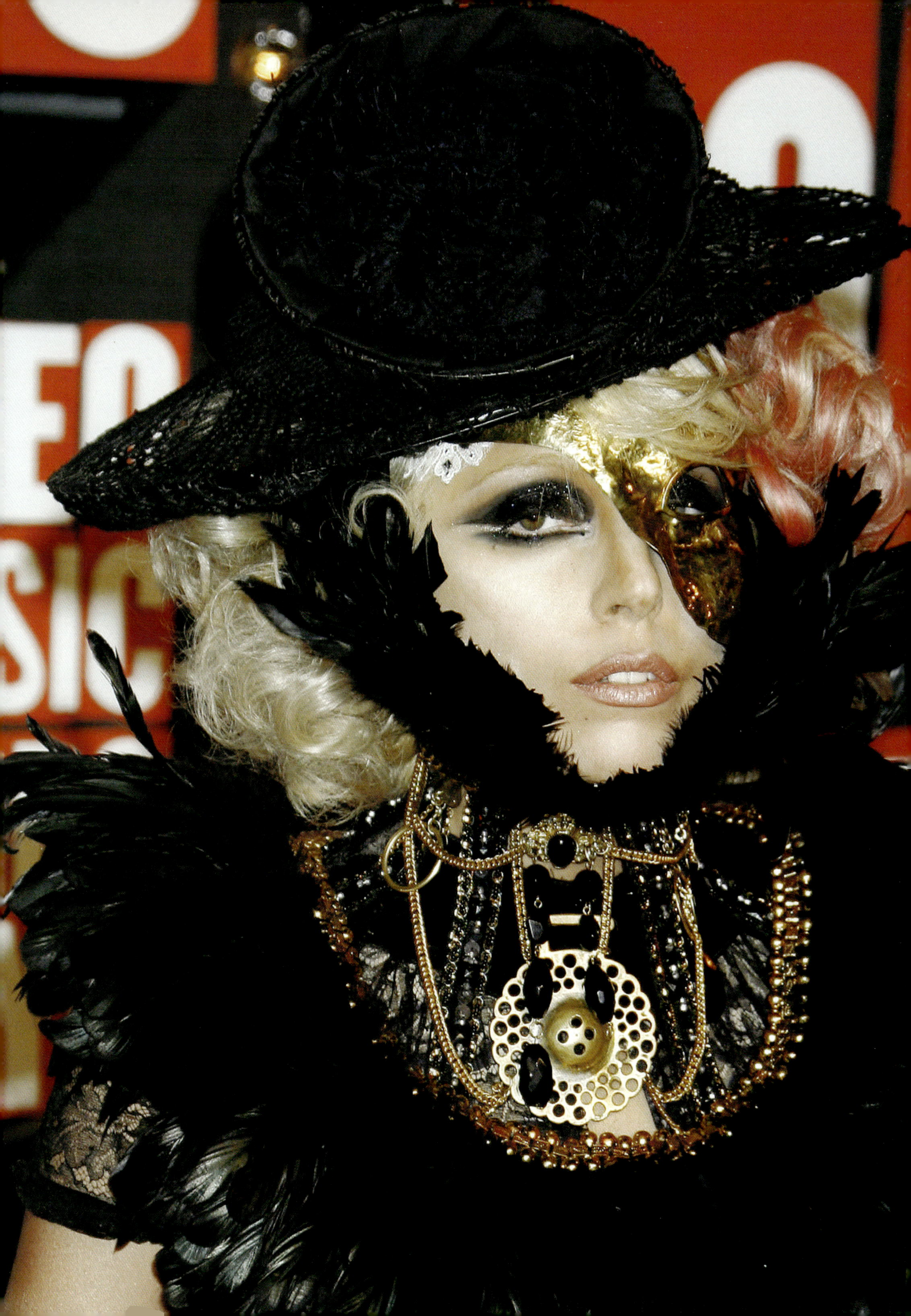

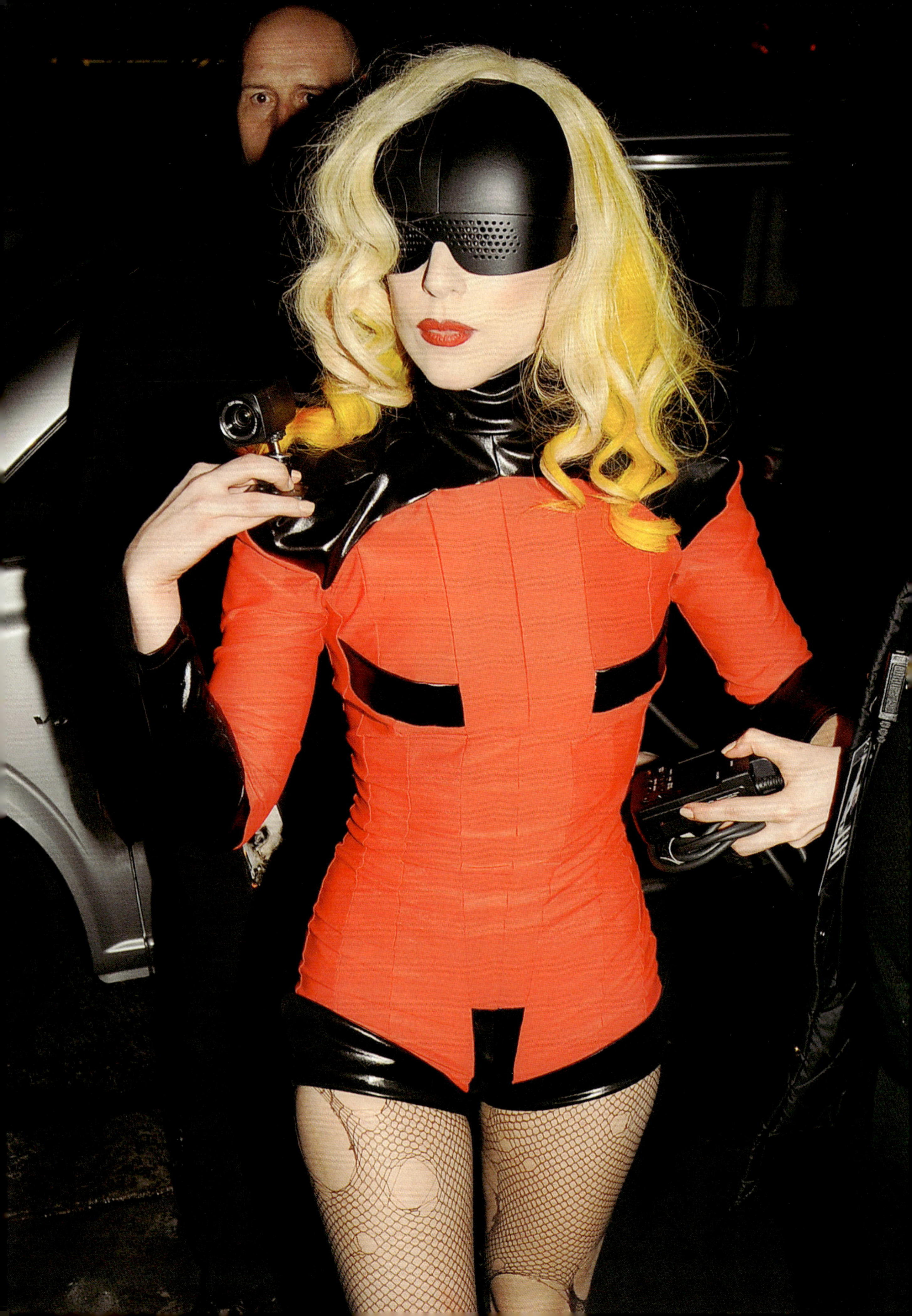

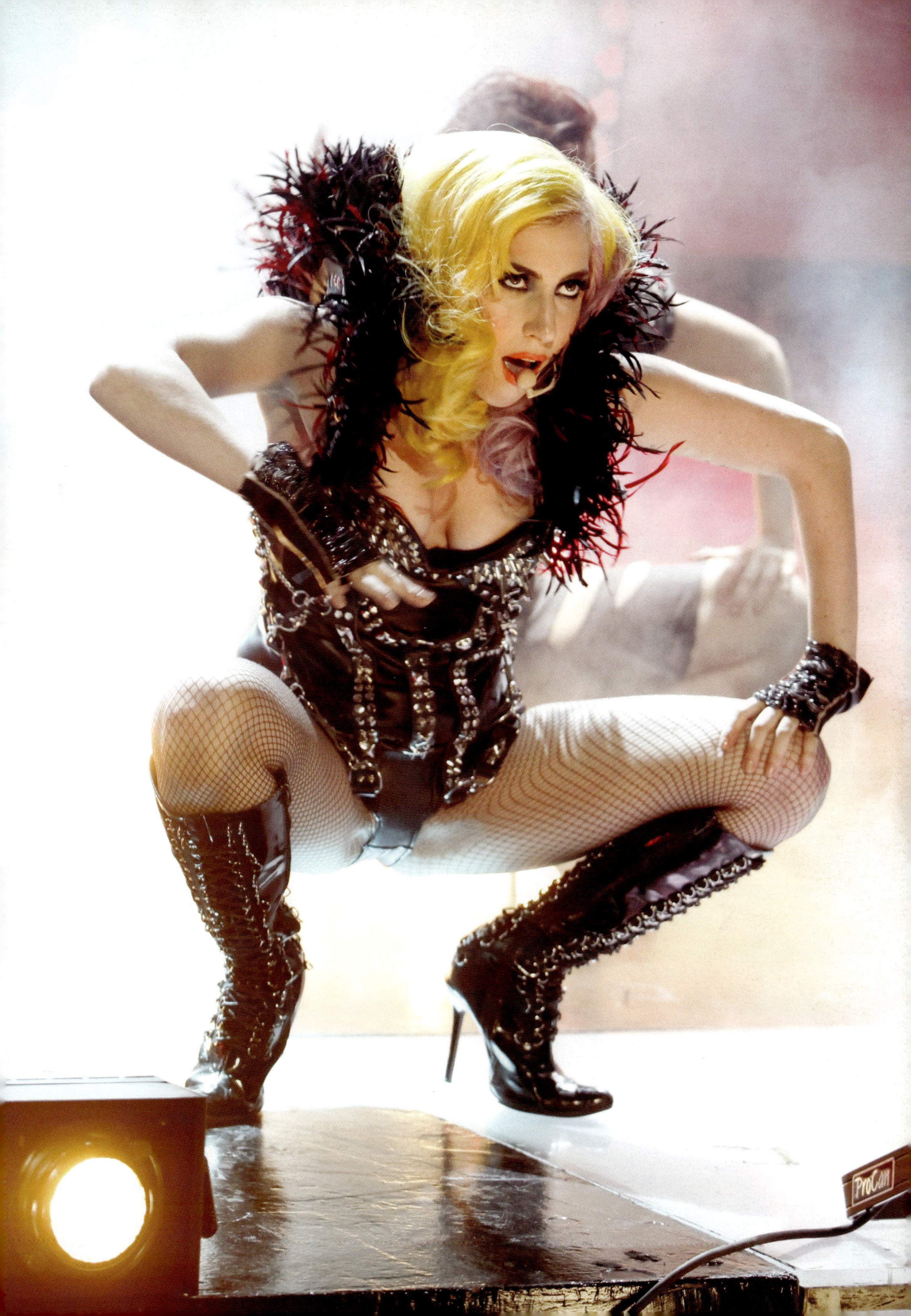
ProCan

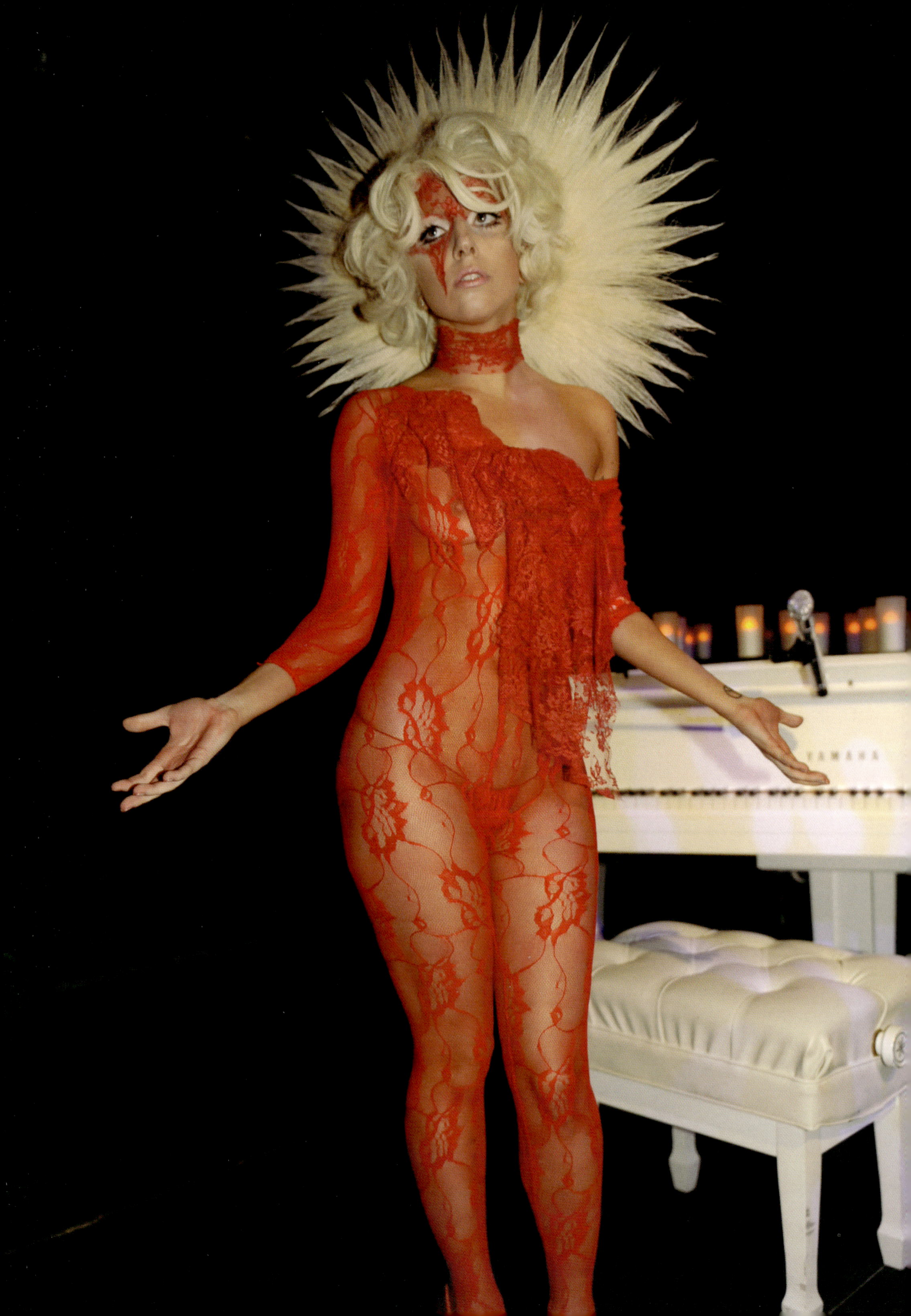
YAMAHA

"

Eu estava me apresentando em Nova York e meus amigos começaram a me chamar de Gaga. Eles diziam que eu era muito teatral... Então eles disseram: 'você é Gaga'."

"

**Tive alguns professores de piano gays. Eu fazia aula de atuação e de balé, e lembro de estar cercada por garotos gays na aula de dança. Me sinto intrinsecamente inclinada a um estilo de vida mais gay."

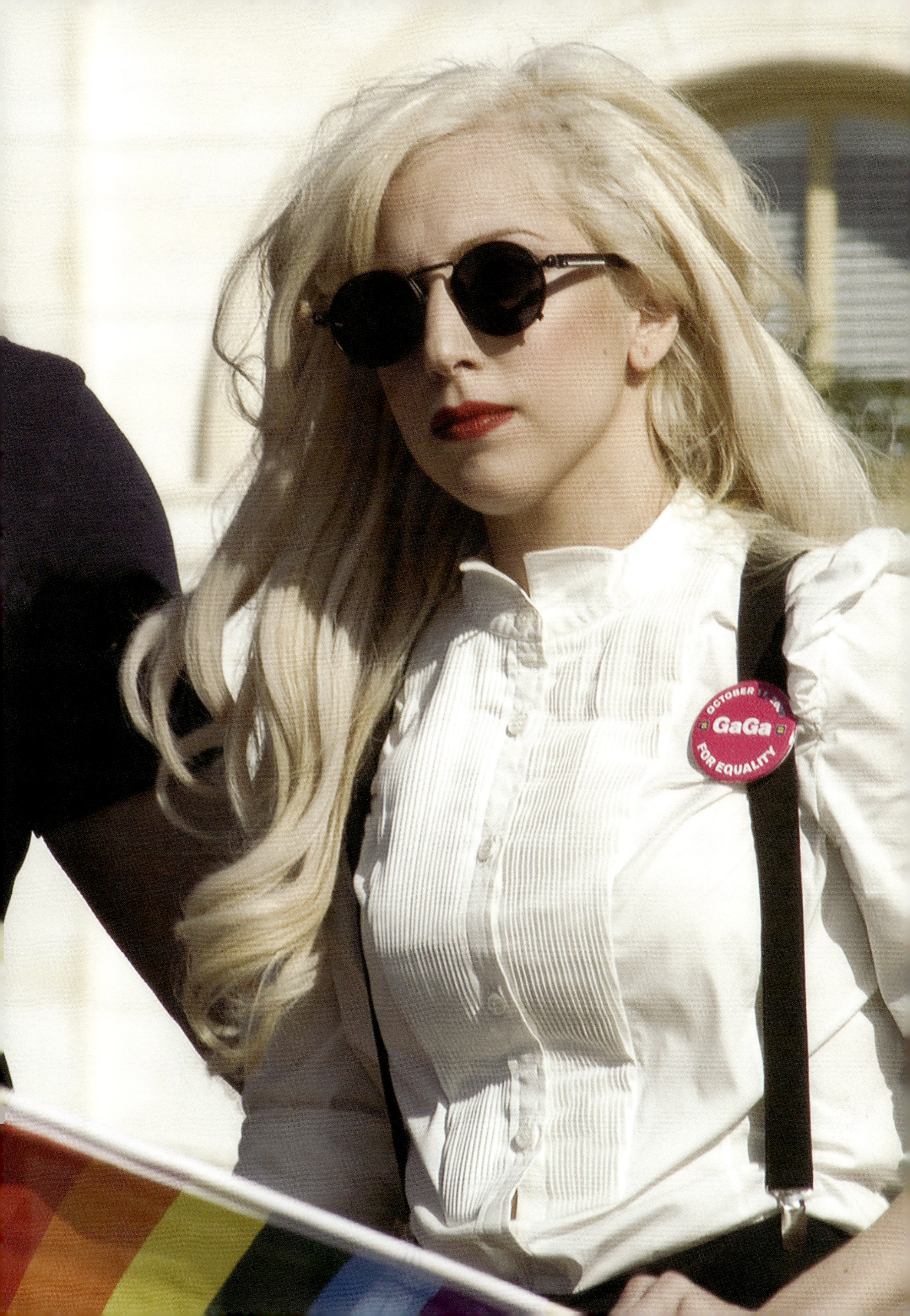
OCTOBER
GaGa
FOR EQUALITY

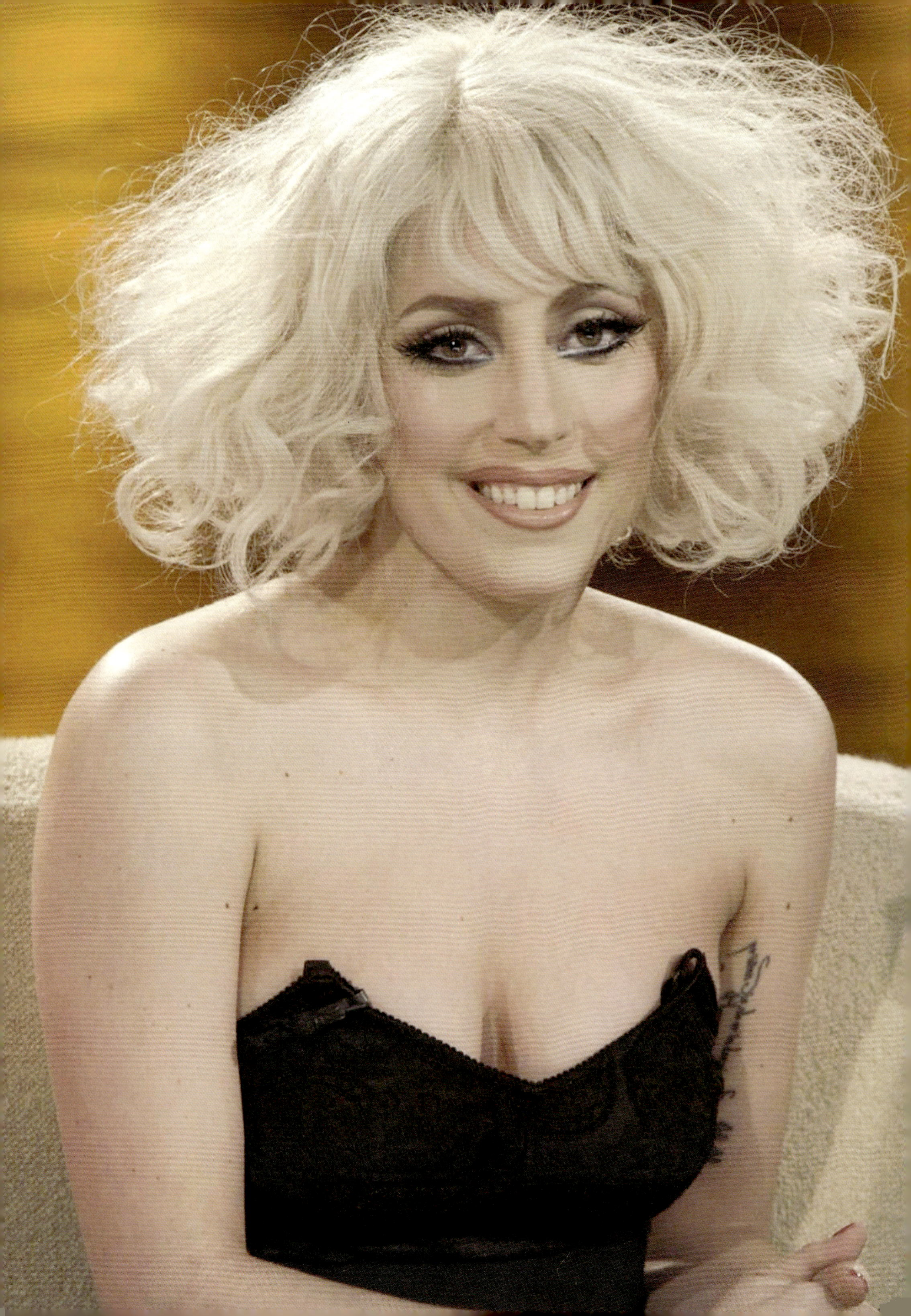

"Minha imagem era um problema na minha gravadora. Briguei por meses e gritei nas reuniões. Fui criticada por ser arrogante, porque se você é segura de si mesma, como mulher, eles dizem que você é uma vadia, mas se você é homem e é determinado, é normal."

**"Fui para um colégio católico, mas foi no *underground* de Nova York que me encontrei..."**

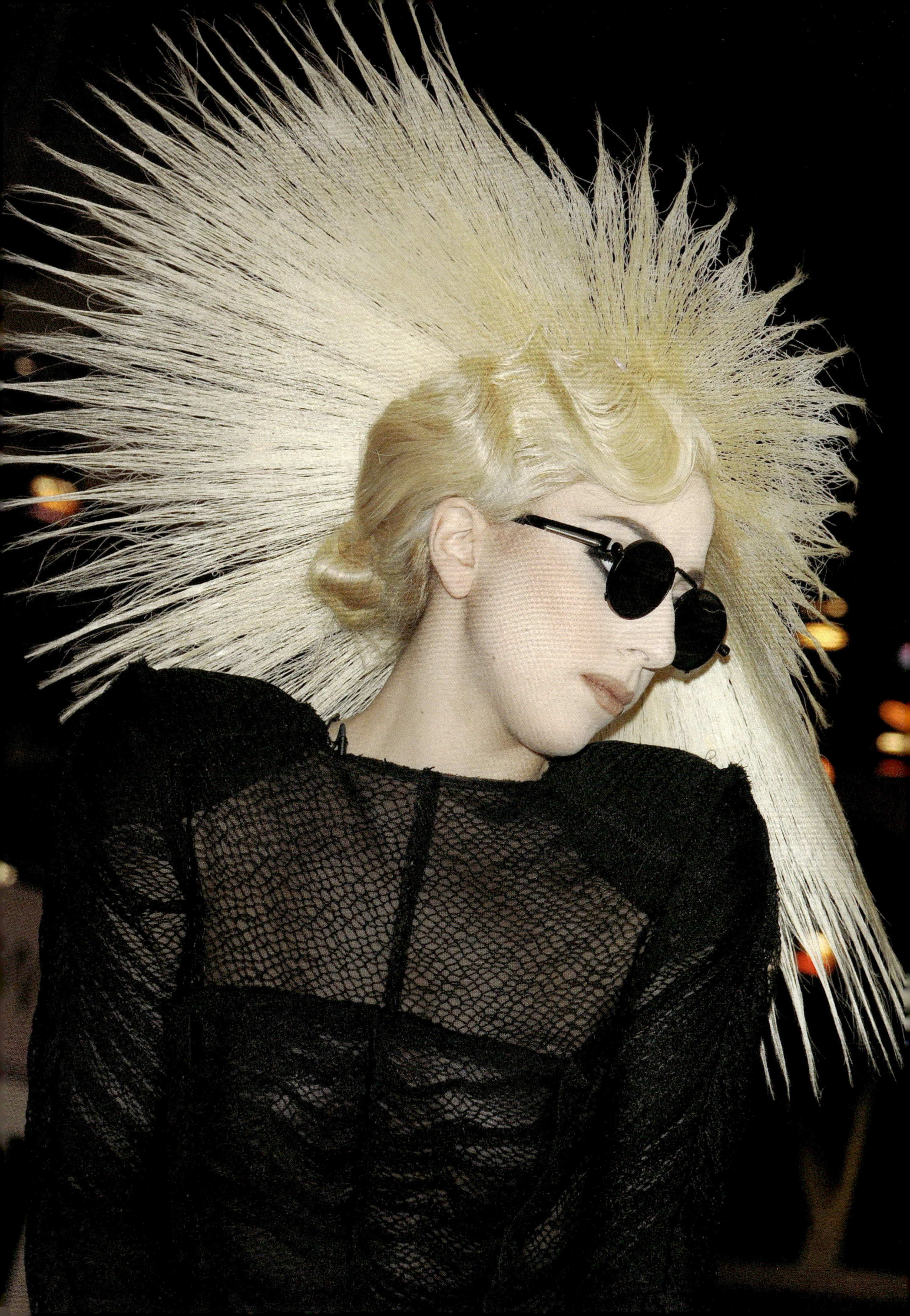

# 3

# A FAMA

Seu álbum de estreia, *The Fame*, foi finalmente lançado em agosto de 2008, e rapidamente subiu nas paradas de sucesso. Foi o auge de dois anos e meio de trabalho – mas, diz ela: "Escrevi metade do álbum em uma semana em janeiro passado. Acho que você realmente precisa deixar a criatividade dos artistas marinar. Levou um tempo, mas, buscando em mim mesma, finalmente consegui. Eu não poderia ficar mais orgulhosa com isso. Não é só uma gravação, é todo um movimento de arte pop. Não é só uma canção." Mesmo inspirado por um rompimento, o próprio material tende a ser – como sugerido pelo título – mais sobre a própria fama. "*The Fame* não tem a ver com o que você é: tem mais a ver com a forma com que todo mundo quer conhecer quem você é", disse ela à MTV.

O álbum é uma mistura inteligente de comentários sobre a cultura da celebridade e do amor a isso, com canções projetadas para captar a imaginação e manipular os sentimentos. "A música tem a intenção de inspirar pessoas para que se sintam de um certo modo sobre elas mesmas, então elas poderão incluir, em suas próprias vidas, um senso de fama interna que podem projetar para o mundo, e a natureza despreocupada do álbum é um reflexo dessa aura. Eu gosto de direcionar ideias interessantes para o resto do mundo por uma lente pop." Essa ideia da fama – segundo ela, algo que sempre sentiu – significa coisas diferentes para pessoas diferentes. Em uma época muito distante, a fama era algo que se conseguia pelo talento e trabalho árduo, com artistas construindo respeito com um conjunto de trabalho que poderia levar anos para se desenvolver. Hoje em dia, a fama é sinônimo de "celebridade" ou mesmo "notoriedade": um fenômeno a curto prazo que tem mais a ver com narcisismo do que com algum talento ou atração intrínsecos a ela. Qualquer um pode ter essa fama, enquanto estiver no lugar certo, na hora certa, ou agindo do jeito certo. Essa é a base dos *reality shows* na TV. "Essa ideia do *The Fame* vai durar bastante", disse ela sobre o álbum. "Basicamente, se você não tem nada – dinheiro, fama –, ainda assim você pode se sentir bonito e podre de rico. Tem a ver com fazer escolhas e ter referências – coisas que você extrai da vida em que você acredita. Tem a ver com autodescoberta e ser criativo. O disco é levemente focado, mas também eclético."

É irônico – e totalmente planejado – que esse comentário sobre a indústria da fama atual poderia lhe trazer sua própria fama. Nas críticas sobre o álbum, foi reconhecido que algo diferente estava acontecendo aqui. Com todos os paralelos que poderiam ser feitos com outros artistas, o fenômeno era mais que a soma de suas partes. "Ela oferece um grau de mistério que tem sido bem raro entre pop stars nos últimos anos", diz um crítico na *Rolling Stone*. "Ela tem uma *persona* artística mais completamente formada do que vimos até agora; ela é essa personagem intrigantemente estranha." Se isso foi reconhecido nesse ponto, as pessoas poderiam esperar uma surpresa, ela comentou na época. "Se as pessoas pensam que Gaga é exagerada e decadente agora, elas não têm ideia do que está por vir. Como, durmo, respiro e sangro cada centímetro do meu trabalho. Eu com certeza morreria se não pudesse ser uma artista."

Mesmo sendo a fama algo que Gaga sempre perseguiu com graus de intensidade variados desde que era criança, não fica claro se isso significa o mesmo para ela como significa para outras celebridades. Talvez tenha a ver com o fato de ela ter estudado cuidadosamente a cultura da celebridade e ter se produzido nessa imagem; como uma garota com mais inteligência que a maioria dos semelhantes de seu grupo, ela tem a habilidade de olhar para isso de modo objetivo, de fora – uma faca de dois gumes para alguém na posição dela. Enquanto as tendências que poderiam torná-la famosa mais tarde significavam que ela nunca se encaixou na escola, ela descobriria que também não tinha muito em comum com suas colegas célebres. "Sou o tipo de pessoa estranha em geral", percebeu. "Não gosto de sair com celebridades e não me encaixo nesse mundo, então meio que fico comigo mesma. De certa forma, até no meu novo grupo de pessoas legais e no mundo da música pop, ainda sou a garota estranha. Mas estou bem com isso; gosto de ser a garota estranha agora, é o meu lugar."

Nem tudo é uma questão de dinheiro para ela. Para alguns, a fama é uma rota para o dinheiro e para todas as armadilhas que o estilo de vida de uma celebridade traz – as roupas, os carros, as mansões e as férias... as noitadas, os argumentos embriagados, os divórcios caros e divulgados. Tudo isso faz parte da expectativa cultural em torno da celebridade; há uma imagem que elas compram por atacado, um pacote de aspirações de estilo de vida. Mas, para Gaga, o dinheiro é mais um veículo para investir novamente no negócio da fama. Ela afirma ter muito pouco dinheiro sobrando; ou ela tem, de modo intencional, revertido tudo para o lado da moda ou ela é excepcionalmente ruim em contas.

Pertencendo totalmente à geração internet e apreciando o valor das origens de seus dias nos clubes de Nova York, ela passou a fazer seus próprios documentários e a colocá-los no MySpace, dizendo: "Peguei uma coisa claramente comercial e tornei isso interessante". Ao afirmar que "minha arte é toda minha vida", disse ela ao jornal *Times*: "Alguns artistas estão trabalhando para comprar mansões ou seja lá o elemento que a fama deve ostentar, mas gasto todo meu dinheiro em meu show. Não dou a mínima para o dinheiro. O que vou fazer com um apartamento ou com um carro? Eu não dirijo". Isso dificilmente surpreende, considerando o conteúdo de *The Fame*; metade das letras sugere um desprezo claramente forte em relação aos que aspiram a um estilo de vida de celebridade.

*The Fame* atraiu sua parcela justa de crítica, como também de admiração – ainda que a maioria de seus críticos também tenha conseguido encontrar algo favorável no álbum. "Existe, claramente, um abismo imenso entre a percepção que Lady Gaga tem de si mesma e da realidade", opinou o crítico do *Guardian*. "É chato, como a pretensão tende a ser, mas, igualmente, há um senso de que não é importante. A música pop não precisa ser cegamente original nem inteligente de se trabalhar: ela precisa de melodia, e Lady Gaga é fantasticamente boa com melodias. Conforme os álbuns pop saem, existe um grau de sucesso impressionantemente alto. Com exceção de duas baladas terríveis ao piano, virtualmente tudo em

*The Fame* chega englobando uma melodia bem viciante ou um *riff* inescapável, virtualmente, tudo soa como um outro hit de sucesso. Você pode sorrir com escárnio em relação à atitude de 'Boys Boys Boys', mas há algo inegavelmente excitante em relação ao modo como o padrão muda com audácia quando chega o refrão. Você pode se cansar rapidamente de ouvir o tema constantemente reiterado do álbum, mas a melodia de 'Paparazzi' fica no seu cérebro e se recusa a sair. Não é exatamente inteligente – pelo menos não da forma como Lady Gaga pensa que é –, mas *The Fame* certamente soa como se pudesse ser grande."

A última referência a "Paparazzi" não é de forma alguma isolada; muitos dos ouvintes estão perplexos com ela e têm ideias próprias do que ela significa. "Fico muito contente por haver várias interpretações diferentes, essa era a ideia", explica Gaga. "A canção é sobre várias coisas diferentes – sobre os meus conflitos, quero fama ou quero amor? Também é sobre seduzir os paparazzi para que eles se apaixonem por mim. Sobre a prostituição da mídia, ou, se quiser, sobre observar imitadores se fazendo de bobos. É uma canção de amor para as câmeras, mas também é uma canção de amor sobre fama ou amor – você pode ter as duas coisas ou apenas uma?" A canção, que resume muito do que o álbum retrata, levanta questões interessantes sobre sua própria relação com os paparazzi. Muitas celebridades perceberam que sua confiança na mídia abre um lado mais obscuro para a relação; os paparazzi, em particular, obtêm sucesso tentando destruir seus alvos, já que é isso que tende a render as melhores notícias. Como isso funciona para ela, na prática, ainda será visto.

O ano de 2009 marcou uma mudança de marcha para Lady Gaga. "Just Dance", seu single de estreia, finalmente entrou nas paradas de sucesso dos Estados Unidos, depois de quase um ano. Subindo rapidamente nas paradas de sucesso internacionais, provou ser um hit que ganhou reconhecimento inesperado nos Estados Unidos, seu mercado mais importante. "Ficamos tentando fazer com que ele fosse tocado nos Estados Unidos desde março", disse ela ao *Guardian*. O problema foi que muitas estações de rádio norte-americanas – talvez acostumadas com valores e audiências mais musical e socialmente conservadores –, inicialmente, não queriam tocá-la. "Quero dizer apenas que não é como 'I Kissed a

Girl' de Katie Perry – que é um hit bonito, adorável e fantástico e soa como um hit de rádio. Minha canção não soa como um hit de rádio. Quero dizer, ela soa, mas não soa. Agora, aqui no Reino Unido, ela pode ser isso, porque a electro-pop não é essa coisa *underground* horrível, é um gênero de verdade. Mas nos Estados Unidos a electro-pop é música *underground* desprezível."

O objetivo dela era levar esse tipo de música para o público norte-americano de um jeito que nenhuma outra pessoa havia feito. "Estou levando isso para um outro nível. Quero dizer que meus discos são discos que ficam no limite do *dance*. Eles têm coração e alma electro-rock de verdade, e a vibração do sentimento é pop, mas há muitas pessoas que disseram: 'É um disco *dance*'." Entrar no mercado norte-americano significava realizar bastante trabalho ao vivo, indo direto aos ouvintes em vez de esperar que as estações de rádio fizessem tudo isso por ela. "Me apresentei show após show após show e arrasei em cada um deles", diz ela. "Na arena, eu olhava para todos e falava: 'Alguns de vocês conhecem essa música e me conhecem, outros, não. Mas garanto a vocês que vão saber quem diabos eu sou antes de eu deixar essa arena hoje!'. Então eu cantava o meu disco. E isso é implacável e destemido e eu vou fazer a porra da minha marca esse ano, agora. Sempre fui o tipo de pessoa que não se pode deter e nunca deixei nada atravancar meu caminho."

O resultado foi um grau de exposição que ela nunca tinha vivido no passado. "Acho que o sucesso é apenas grande ou pequeno como você o enxerga. Eu achava que era bem-sucedida há dois anos e acho que sou bem-sucedida agora, mas tenho um longo caminho pela frente", disse ela na época. "É engraçado, eu estava no carro e meu agente estava lendo todas as estatísticas e as coisas que estavam acontecendo, ele disse: 'Isso é ótimo, Gaga!'. E eu respondi: 'Eu sei, mas, por alguma razão, sinto que não realizamos nada e temos que ir muito além'. E ele: 'Você tem a mesma visão que eu'. Porque não quero ser só uma canção. Quero ser os próximos 25 anos de música pop. Mas é muito difícil medir esse tipo de ambição. Esse tipo de ambição loira é olhada com a sobrancelha erguida, porque a maioria dos artistas hoje não tem longevidade, especialmente na música de entretenimento, que tem a ver com calcinha, pornografia e dinheiro."

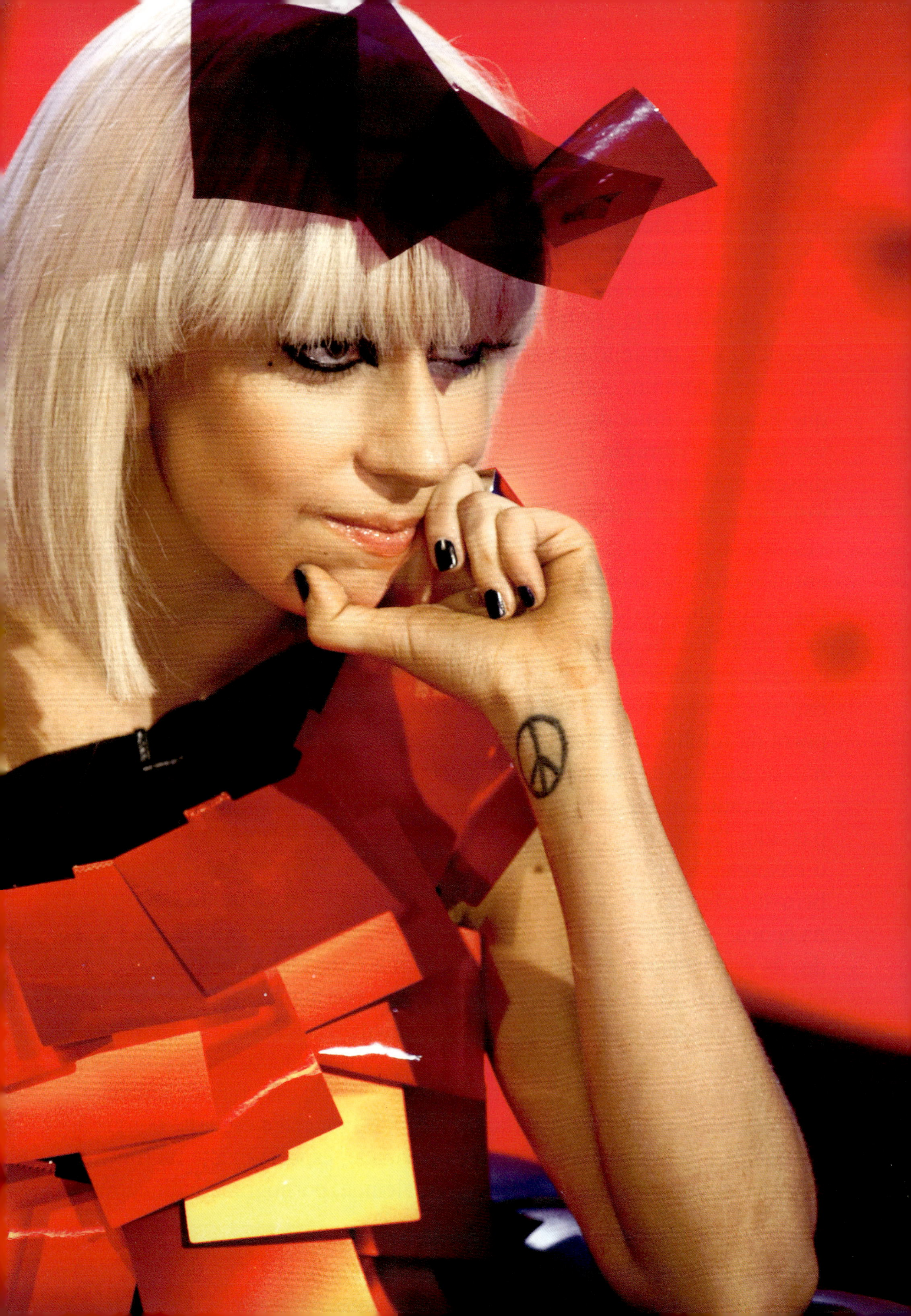

> "O que torna Gaga diferente da Madonna é que ela é uma artista performática atuando no *mainstream*. Ela pega Grace Jones e Yoko Ono e transforma em pop."

**Perez Hilton,** *New York Daily News*

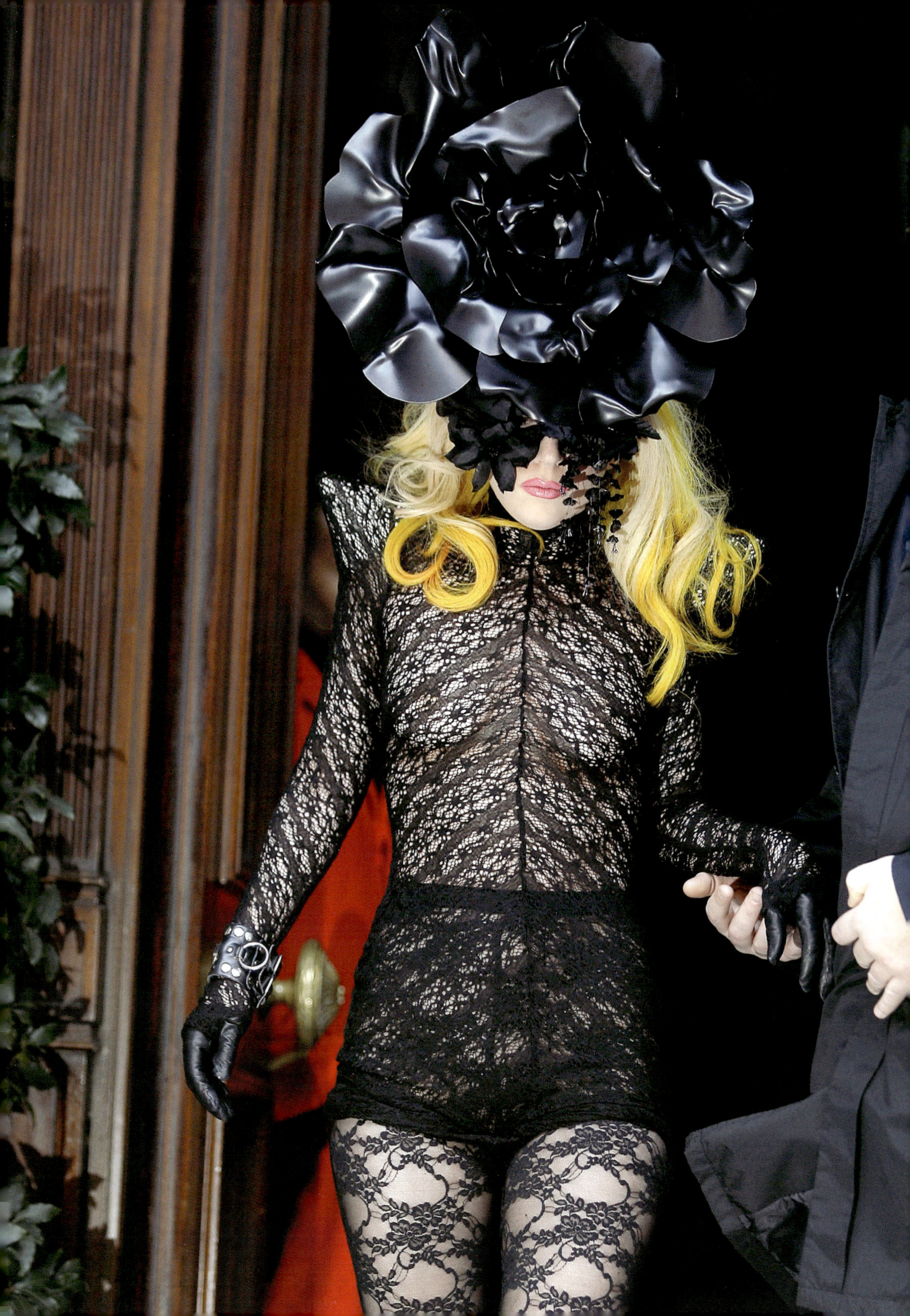

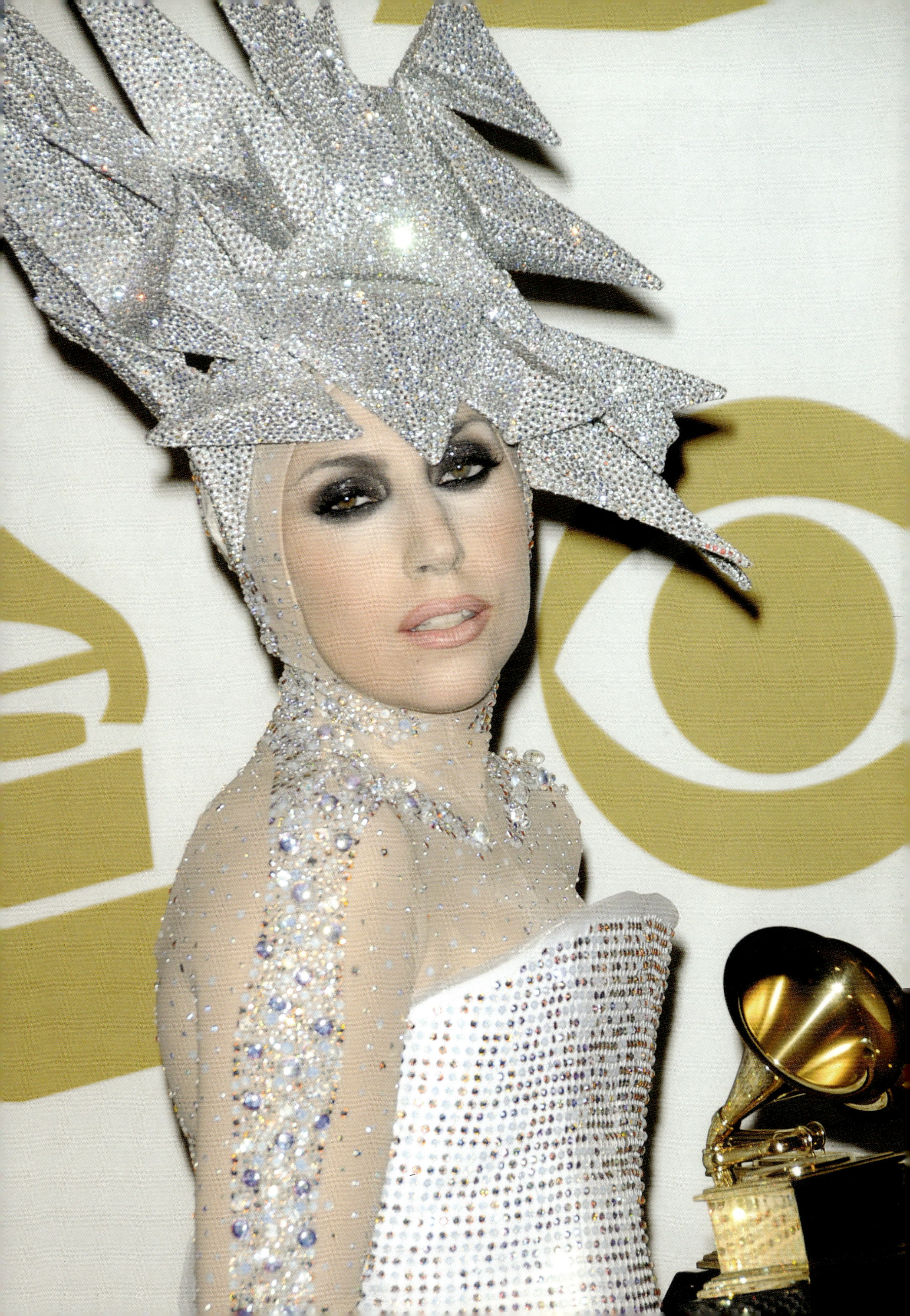

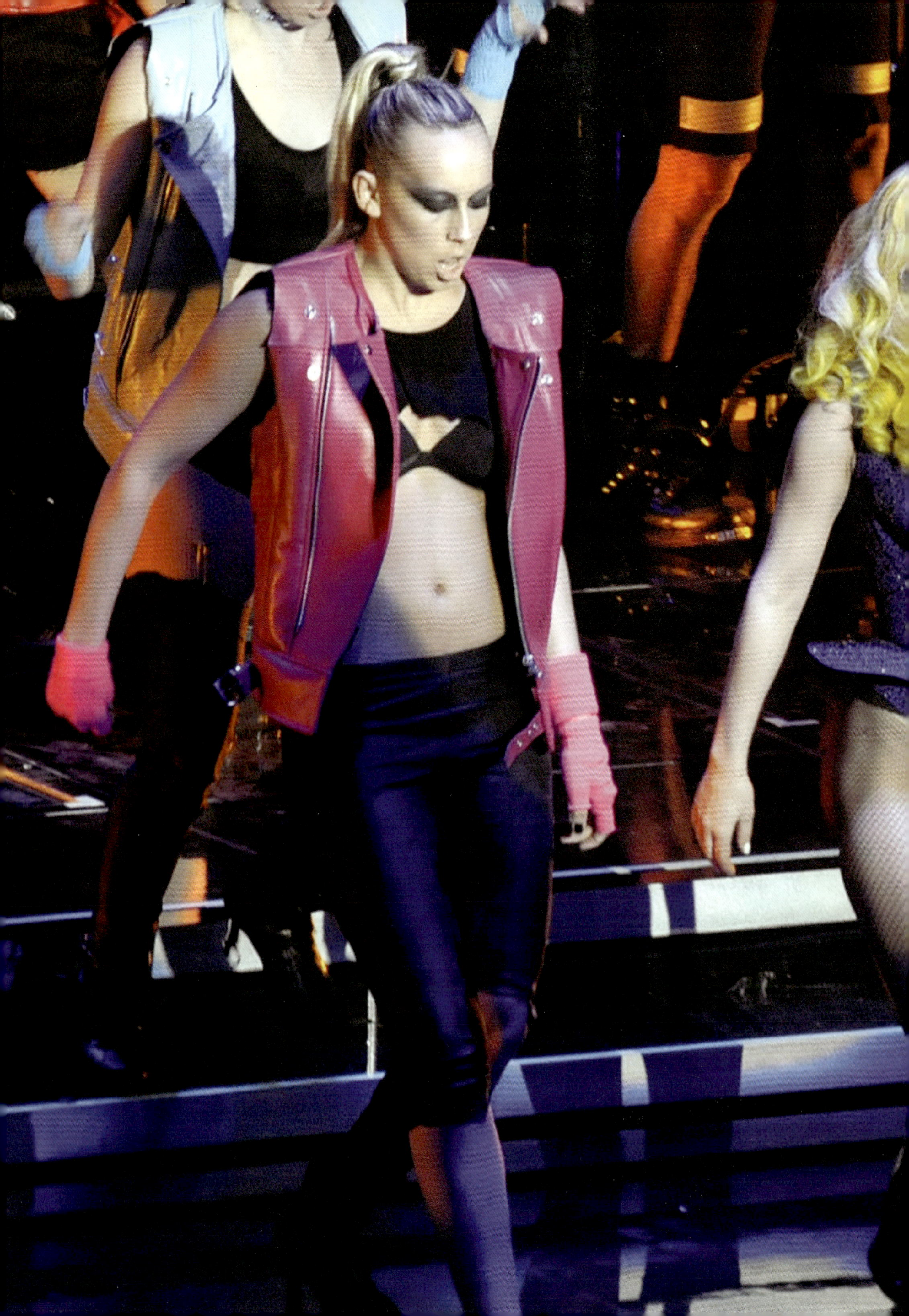

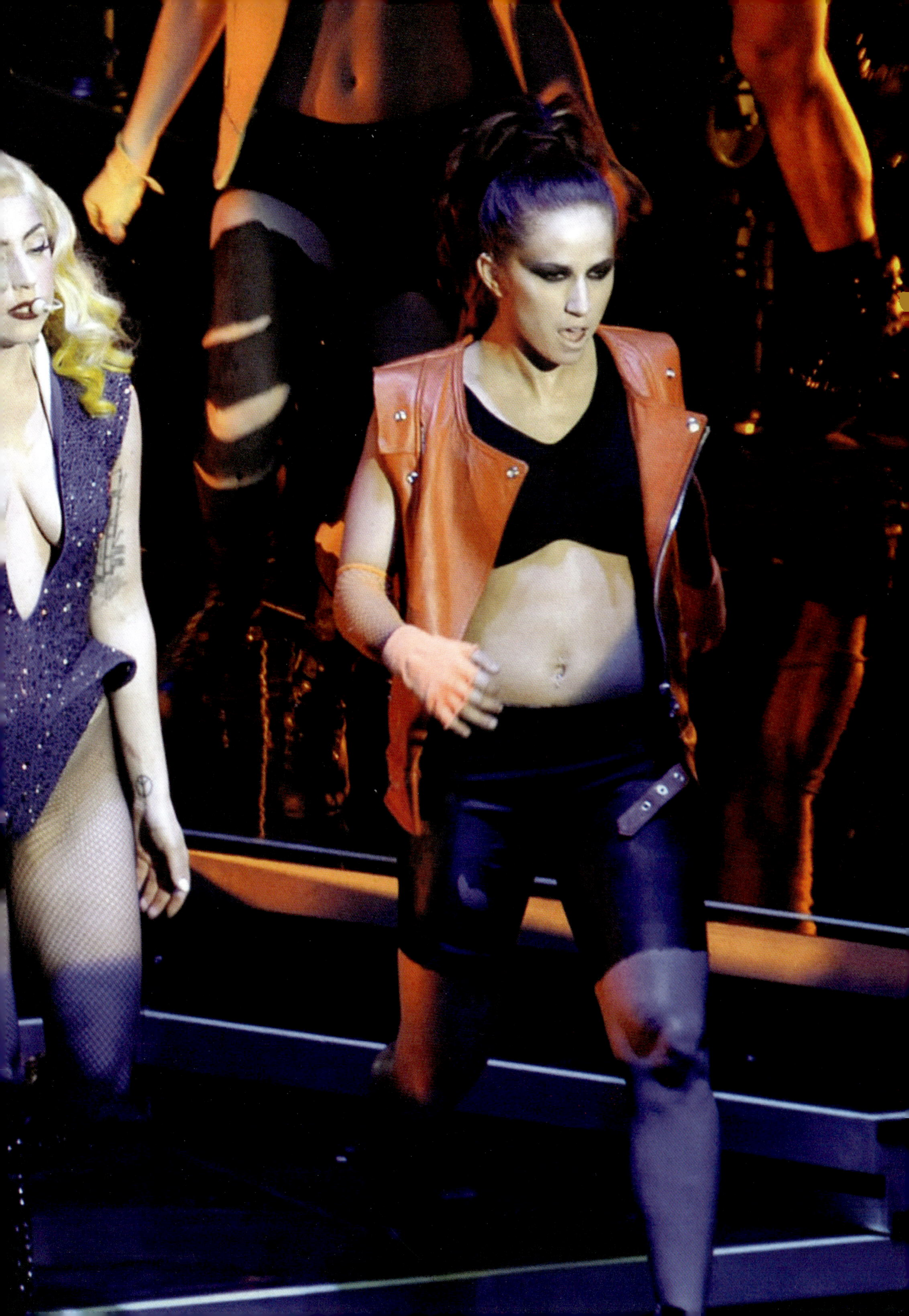

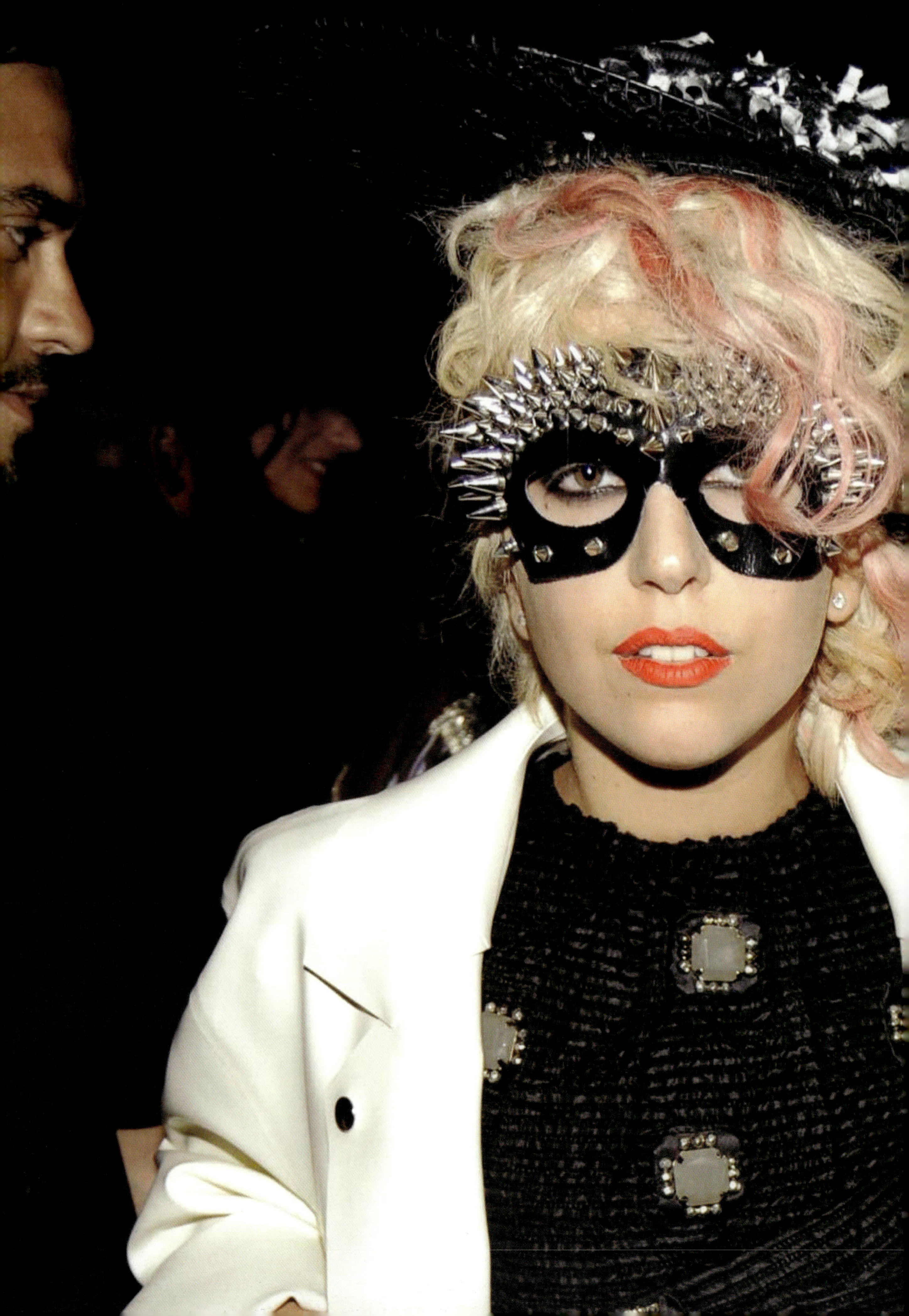

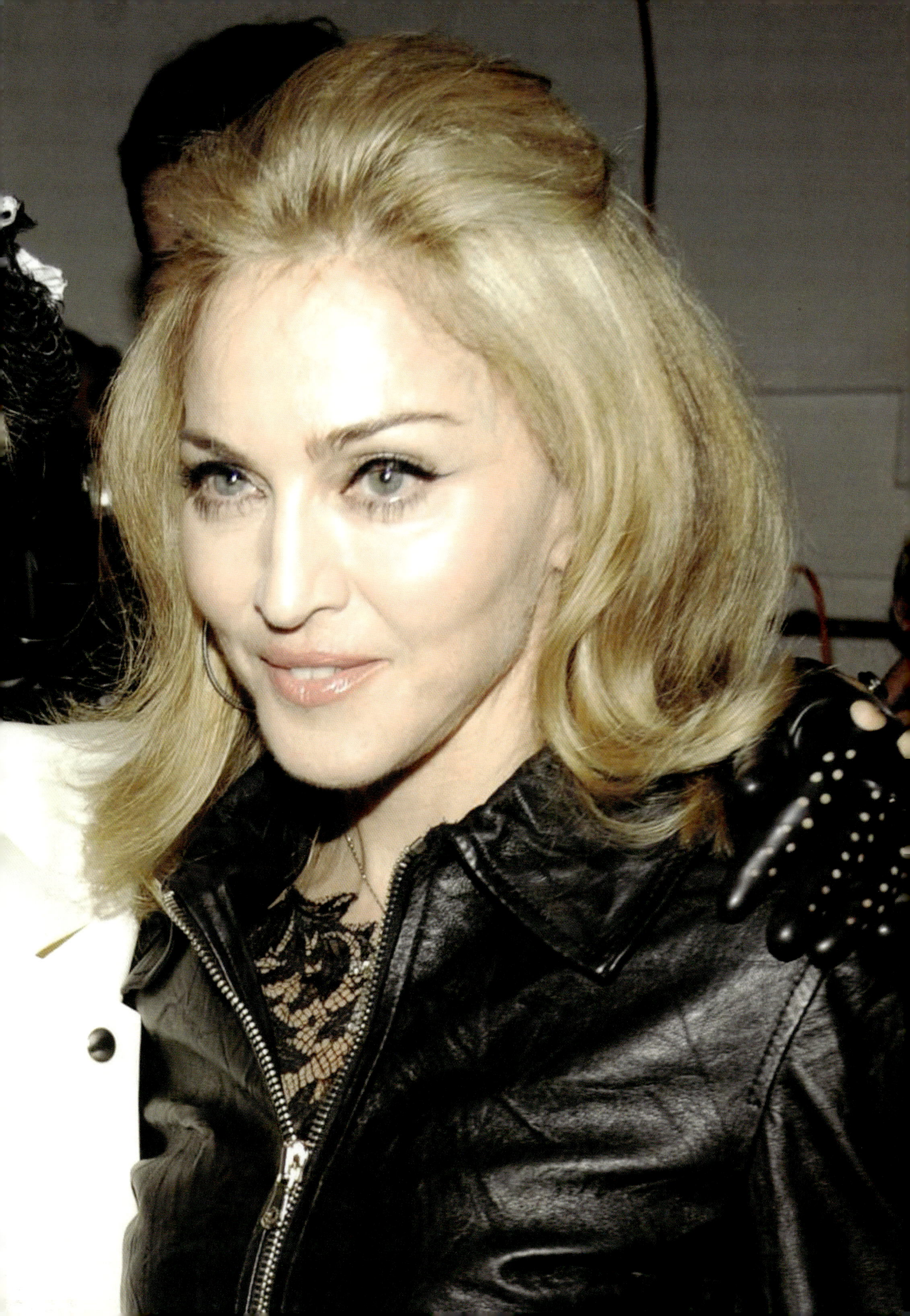

**"**

**Acredito viver um estilo de vida glamouroso, sou uma mulher glamourosa."**

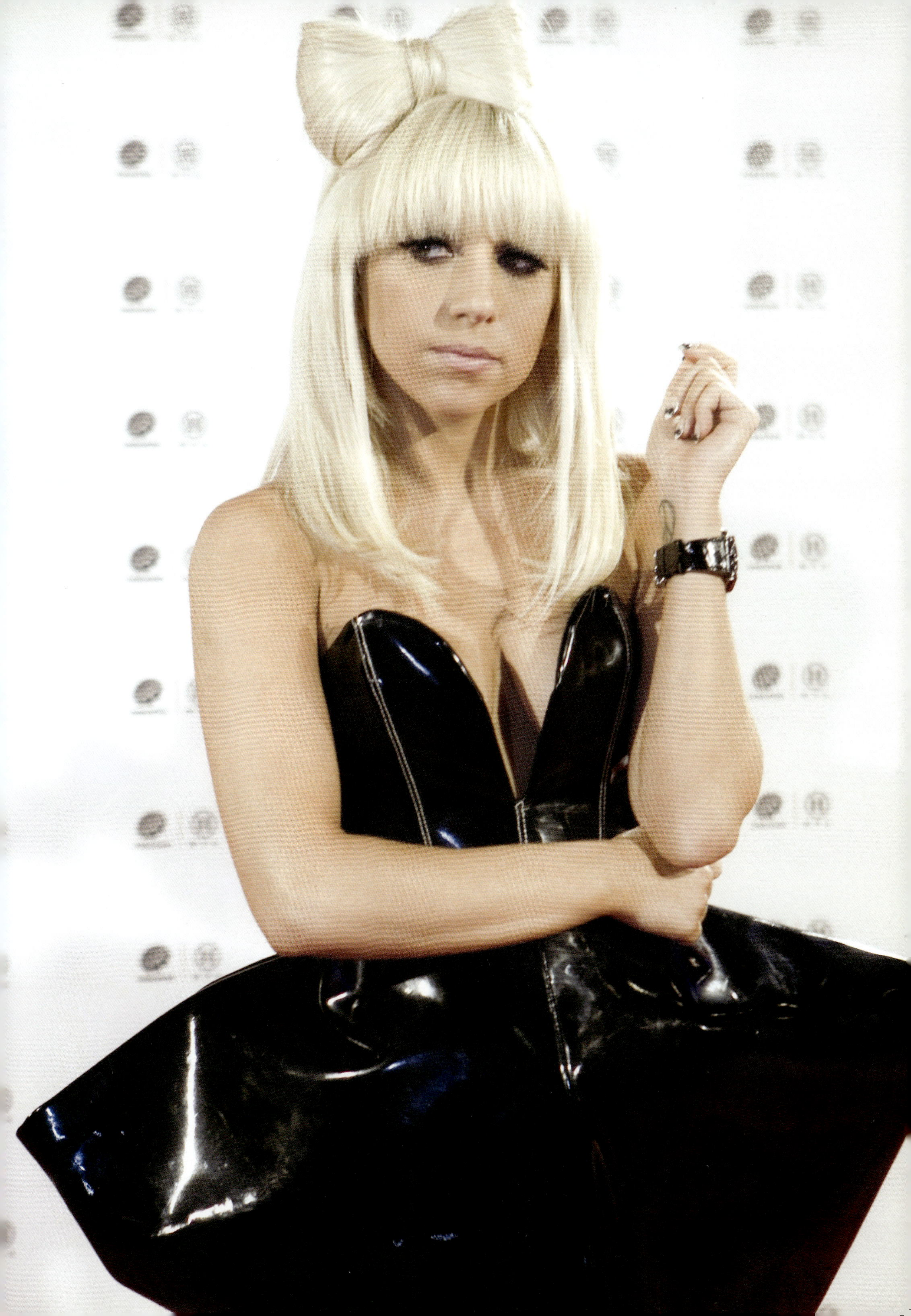

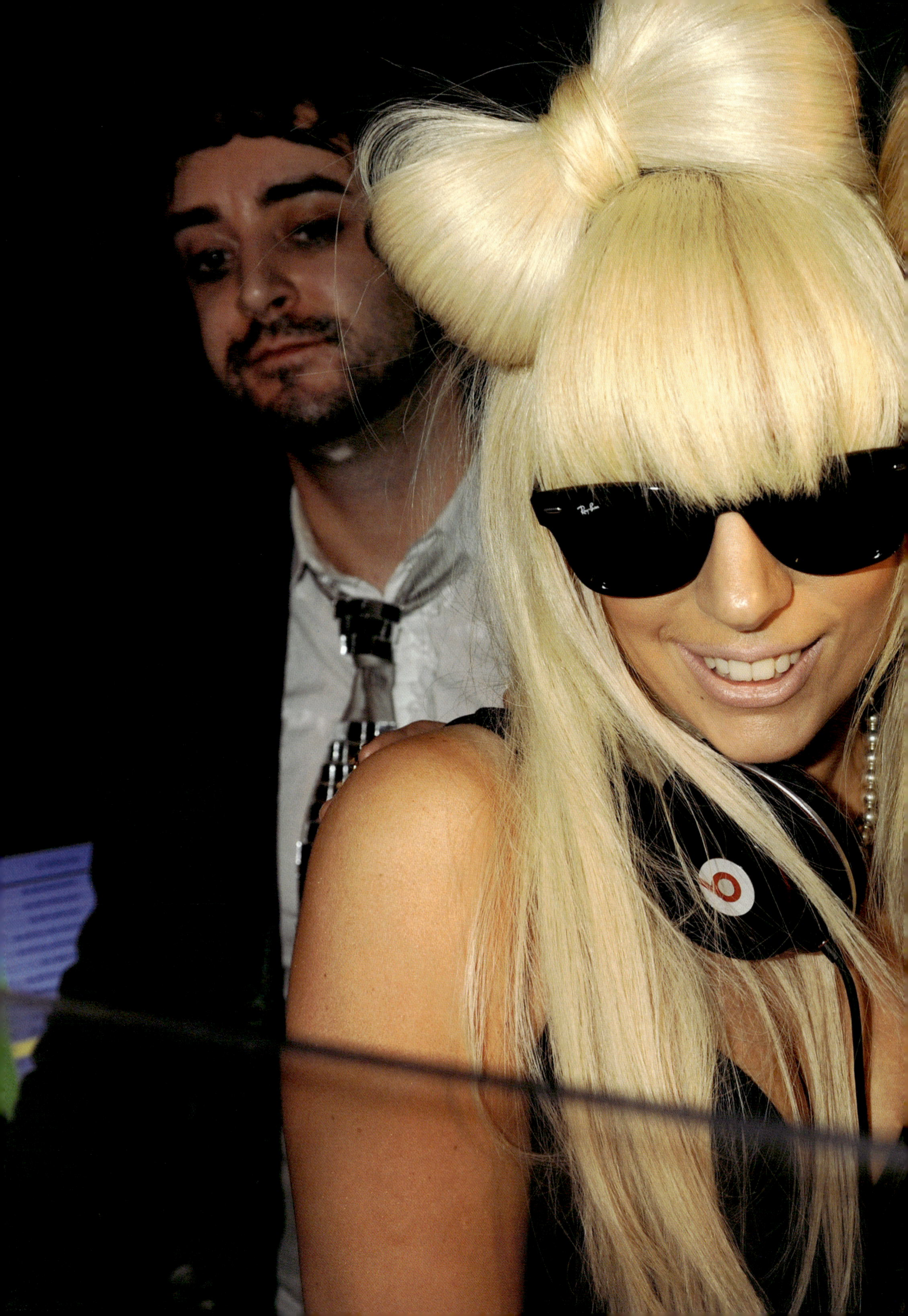

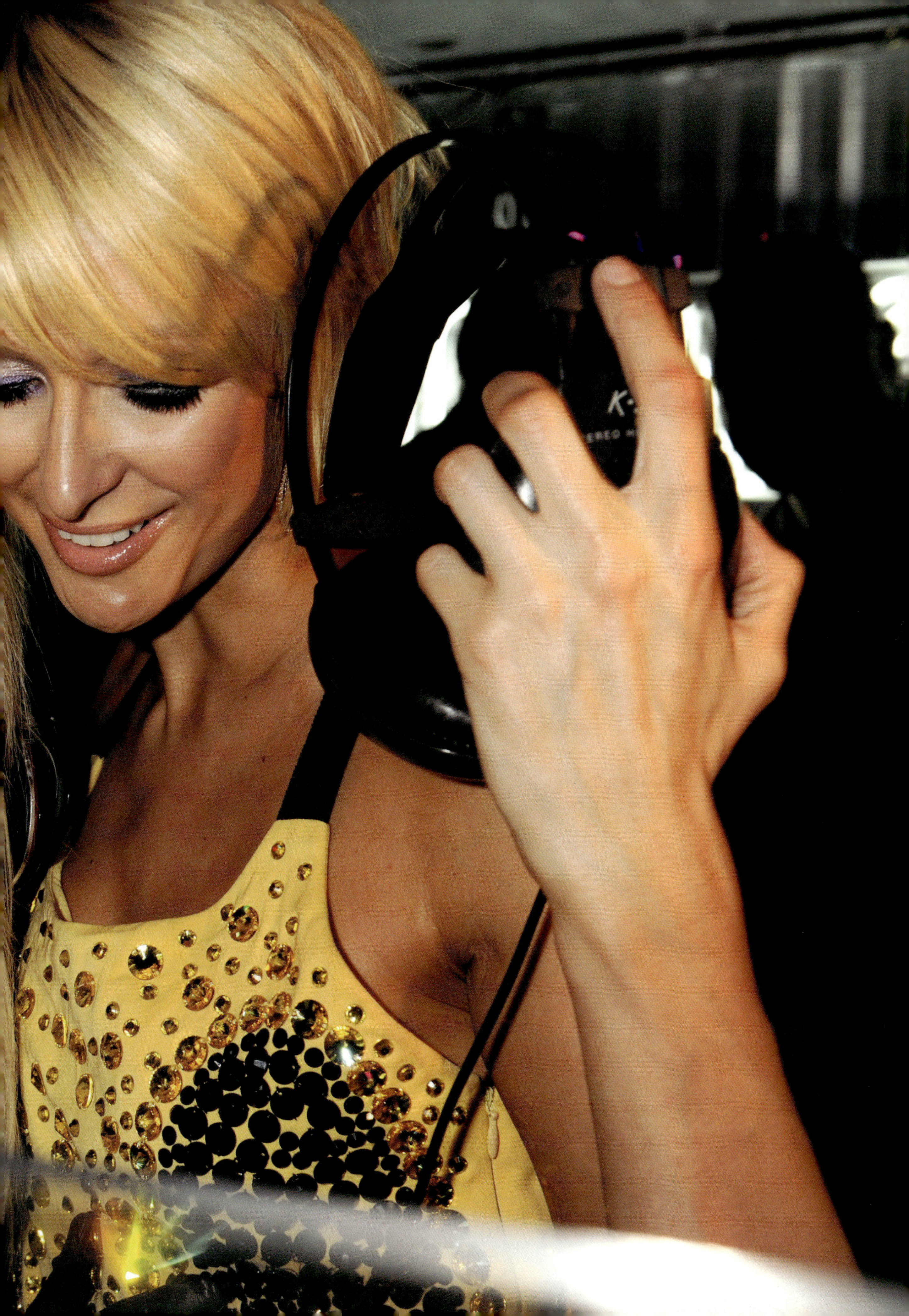

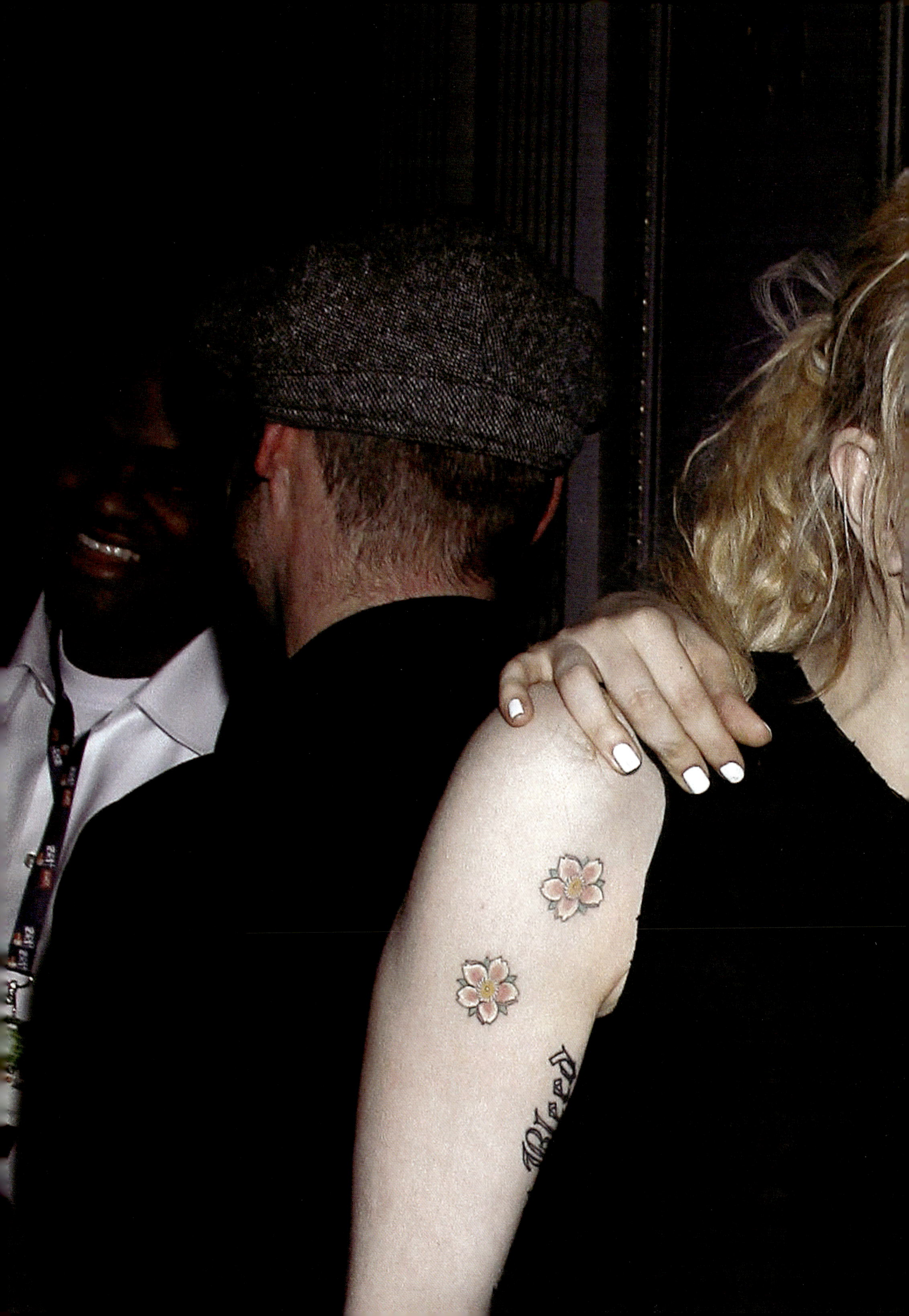

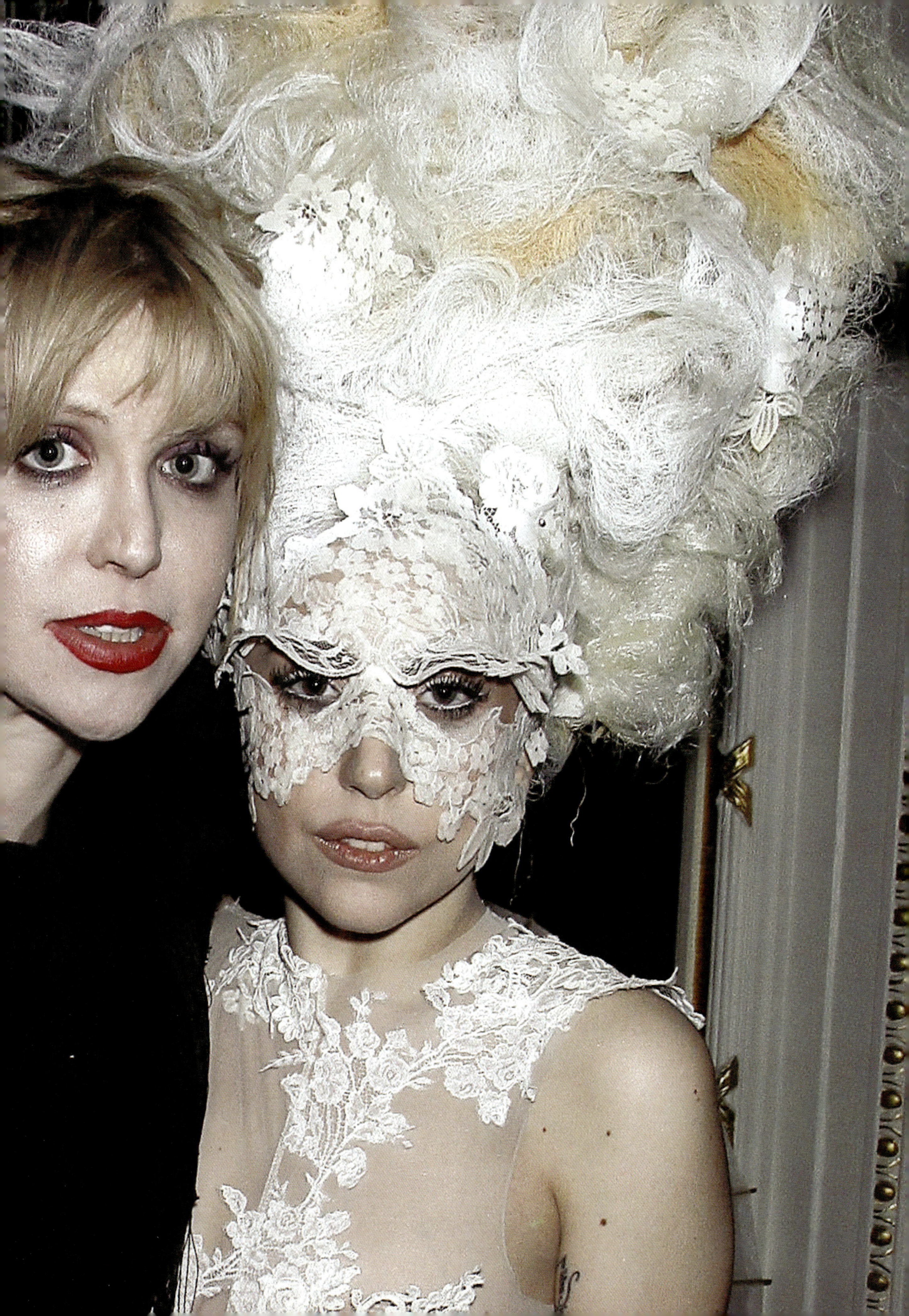

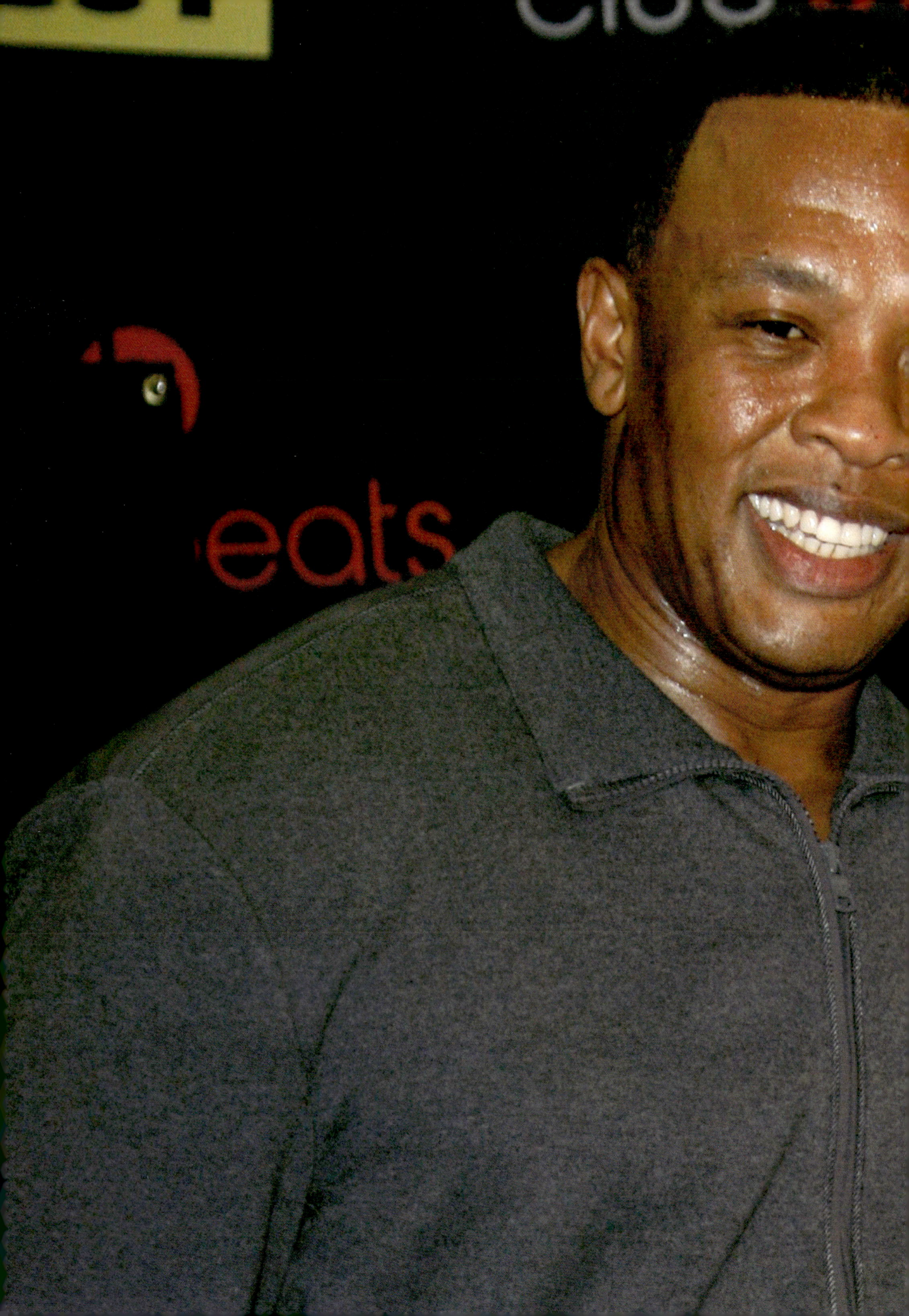

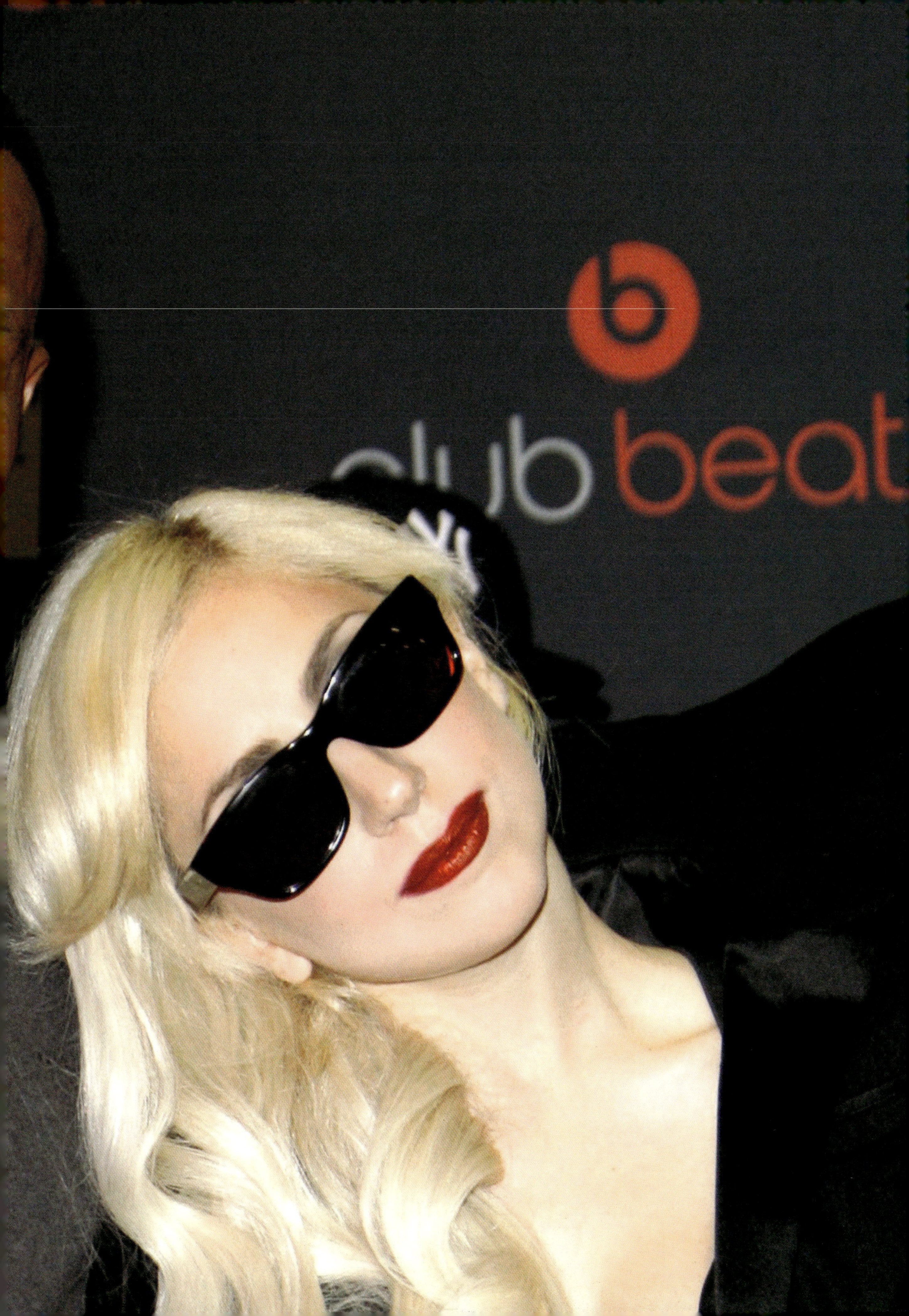

Em outras palavras, quando você canta sobre – e até mesmo, de um ponto de vista, personifica – tudo que é insípido e superficial, as pessoas tratam seu trabalho com uma grande pitada de sal e esperam que você faça o mesmo que os outros artistas fabricados fazem, que abalam as paradas de sucesso em um mês e afundam em uma obscuridade permanente no mês seguinte. "O que se espera é que as pessoas discutam se o que estou fazendo é válido. É exatamente esse o ponto", disse ela ao jornal *Telegraph*. "A fama é bonita e feia. Ela pode arruinar a sua vida, mas pode salvá-lo. É real, é plástica. Não é válida, mas é válida! Acho que tenho o equilíbrio certo de pH, de conceito para pop, para sexo. Fiz um ótimo disco. Não é muito profundo. Você e eu podemos sentar aqui e falar sobre arte o dia todo, mas a maioria dos meus fãs não vai se importar com o nível artístico do meu trabalho, porque eles só vão estar dançando no ritmo desse som arrebatador." De acordo com a opinião dela, ela precisaria de mais uns "outros quatro singles" para as pessoas a levarem a sério. E isso foi absolutamente intencional e um plano a longo prazo; não há uma carreira opcional nem dúvidas aqui. "Eu sempre quis ser uma estrela. Está no fundo da minha alma como me sinto em relação à música e à arte. Me sacrifico, sangro e fico sem dormir pela minha arte de um jeito impudico e apaixonado."

Havia todas as razões para o otimismo: 2009 seria o ano de Gaga. "Estou preenchendo um enorme vazio. Há um grande espaço aberto a ser preenchido por uma mulher com imponência", disse ela ao *Times*. "Estou aqui para fazer boa música e inspirar as pessoas." Depois de anos de autoconfiança, finalmente outras pessoas estavam começando a aprovar amplamente. O blogueiro de celebridades Perez Hilton deu a ela sinal de positivo, prevendo um enorme sucesso. "Ela faz uma música boa, é pop com substância. Ela é o verdadeiro negócio, o pacote total." O designer de moda Henry Holland observou: "A música dela é pura, pop brilhante, e adoro o fato de ela ter um *look* tão icônico. Não é sempre que alguém chega e tem uma aparência diferente e individual... acho que isso é empolgante e inspirador".

Depois de ter entrado no mercado norte-americano, para entrar no Reino Unido foi um pulo. Ela já tinha alcançado o sucesso das paradas, mas sua aparição em terras britânicas inspirou a Gaga-mania – que, naturalmente, ela homenageou, fazendo improváveis aparições públicas. (Depois de sua aparição no programa *X-Factor*, no fim do ano, por exemplo, ela decidiu sair para beber em um pub perto do estúdio. Desnecessário dizer que ela optou por não trocar de roupa para a ocasião.) Mas essa é a marca da fama que ela quer e o tipo de fama sobre a qual ela canta no próprio *The Fame*. "Penso que existem diferentes tipos de fama", diz ela. "Penso que existe a 'fama', que é plástica e você pode comprá-la na rua, e paparazzi e dinheiro e ser rico, e existe 'a fama', quando ninguém sabe quem você é, mas todos querem saber quem você é. E o disco inteiro fala sobre isso, esse disco convida todos no planeta a pararem de ser invejosos ou obsessivos em relação ao que não têm e começarem a agir como se o tivessem."

O que isso significa na prática? Simples: pare de andar deprimido pelo fato de não ter roupas e dinheiro e aja como se você tivesse. "É sair na rua e levar com você algo do tipo: 'Sou lindo e podre de rico, mas não tenho dinheiro'. A fama não é fingir ser rico, é se posicionar de um jeito que transmita confiança e paixão pela música ou pela arte ou pela pescaria ou o raio de coisa pela qual você for apaixonado e se projetar de forma que as pessoas digam: 'Quem é esse?'. Não tem nada a ver com dinheiro. Posso vestir uma calça de US$ 2 e uma camiseta e óculos de US$ 2 na rua, mas posso fazer com que eu pareça a Paris Hilton. Você precisa ter a fama, precisa transmitir isso. Precisa fazer com que as pessoas se importem, precisa saber o quanto você é importante e acreditar nisso. Você precisa ter convicção das suas ideias."

Há um lado negativo da fama – tanto a fama ou "a fama" –, é claro. Independentemente da versão, os paparazzi e picaretas não o deixarão em paz, e, mesmo sendo necessário para sua carreira estar em movimento, significa que você está na loucura de uma indústria que nem sempre é benevolente. Quando perguntaram se ela quer tirar férias da fama um dia, ela respondeu: "Essa é uma questão muito perigosa. Sou muito grata. Gosto de toda atenção voltada para a música. E enquanto ela estiver na música – e não na pessoa com quem eu estiver transando –, vou estar bem". Em outras palavras, ela pode esperar decepção, porque se ela estiver por aí por mais de cinco minutos, é possível que haja alguns jornalistas e fotógrafos que tenham mais interesse em saber quem ela está namorando do que na música que ela está cantando. "Não acho que eu poderia um dia estar preparada para a fama", reconhece ela. "Eu não acho que você pode se preparar para isso ou se acostumar com isso. Eu me senti famosa a minha vida toda, mas é todo um outro nível de fama."

*The Fame Ball Tour* foi sua primeira turnê mundial a promover o álbum *The Fame*. No passado, ela abriu shows para outros grandes artistas, incluindo Pussycat Dolls e New Kids on the Block – dois grupos para os quais ela também havia escrito trabalhos. Agora ela estava ultrapassando-os na fama e no apelo. A turnê foi anunciada no começo de 2009 em sua página do MySpace e começou em março, acontecendo em quatro continentes, com 69 apresentações. Novamente, Warhol foi parte da inspiração para o show. "Considero o que faço mais um conceito de Andy Warhol: arte performática pop, multimídia, moda, tecnologia, vídeo, filme. E isso tudo vai vir junto e vai ser um show de museu viajante."

Para ela, a experiência performática completa foi tão importante que ela estava relutante em chamá-la de "turnê". "É mais uma festa viajante. Quero que seja toda uma experiência a partir do minuto em que você entra pela porta até o minuto em que começo a cantar", disse ela à MTV News. "E quando tudo acaba, todos vão apertar a tecla *rewind* e reviver isso de novo. Será como se você estivesse caminhando em Nova York mais ou menos em 1974: Há uma instalação de arte no saguão, um DJ tocando seus álbuns preferidos na sala principal e, depois, a *performance* mais inesquecível que você já viu no palco."

Esse tipo de show não sai barato e não acontece sem esforço – especialmente quando ela tinha de planejá-lo enquanto estava em turnê com as Pussycat Dolls. "Estou ao telefone todos os minutos, todos os dias, falando com pessoas, sendo criativa, planejando esse *Ball*, e meu agente da turnê fica dizendo constantemente: 'Vamos lá, *precisamos* ir, precisamos ir *agora*!'. Mas, para mim, o *Ball* é muito importante. Quero muito fazer com que cada dólar que todos gastam com o meu show valha a pena. E, sim, estou pagando muito por isso – tudo do meu próprio bolso. Mas tudo bem. Não ligo para dinheiro." Desnecessário dizer que, desde

2008, quando os primeiros singles e o álbum foram lançados, o dinheiro tem sido um problema menor para ela. Como ela mesma disse: "Um ano atrás, nessa época, eu estava colando paetês em sutiãs de US$ 4. Então isso te diz onde cheguei".

"Estou afrontando todas as preconcepções que temos de artistas pop", afirmou ela. "Gosto muito de moda – canalizo Versace em tudo que faço. Donatella é minha musa de muitos jeitos: ela é icônica e poderosa, mesmo que as pessoas joguem dardos nela. Ela é definitivamente provocativa, e eu canalizo isso mais do que qualquer outra coisa." Pelo menos ela não estava fazendo todo o trabalho sozinha dessa vez. Para esse lado de sua *performance*, sua "Haus of Gaga" é de vital importância – são essas pessoas que concretizam suas visões criativas, transformando o conceito de suas ideias estranhas e imaginativas em realidade. Devido à sua abordagem completa, ela prefere administrar essa equipe pessoalmente; se ela vai ser uma celebridade fabricada, ao menos ela será autofabricada. Assim como as roupas, a Haus of Gaga trabalha nos cenários do palco (ou "instalações") e no próprio som. "Nessa indústria, você tem muitos estilistas e produtores que mandam para você, mas essa é minha própria equipe criativa, modelada pela Warhol's Factory", diz ela. A "Fábrica" foi um ponto de encontro para pessoas artísticas, usuários de drogas e celebridades nascentes. Ela abrigou uma linha de produção para impressões de serigrafia, realizada por "uma mistura de *performers* de filme adulto, drag queens, socialites, viciados em drogas, músicos e livre-pensadores". A demografia exata da Haus of Gaga não é clara, mas Gaga diz que "todos temos menos de 26 anos e fazemos tudo juntos". Warhol tem sido uma influência forte e duradoura sobre ela, artisticamente e de outras formas, então é compreensível que ela também adotaria seus valores e metodologia de produção. "Como faço para que a arte pop e comercial seja levada a sério assim como as belas-artes? É isso que Warhol fazia. Como faço para que a música e as *performances* sejam estimulantes, novas e futurísticas? Decidimos o que é bom e, se as ideias forem poderosas o suficiente, podemos convencer o mundo de que isso é legal."

"Agora eles estão no centro da cidade nesse galpão, desenhando e fazendo tudo para a turnê", disse ela à MTV News. "E eles provavelmente estão gritando uns com os outros. Não tenho muita certeza do que o mundo acha... mas ouço coisas do tipo: 'Quem é a Haus of Gaga?' e 'Você está lançando uma linha de moda?'. E ninguém entende isso. Não é um produto. Não é algo para ser vendido." Além de aparecer com bens criativos para dar a ela um *look* distinto, eles também desempenham um papel importante, dando suporte a ela com a confusão da turnê. "Eles são meus melhores amigos. É uma ligação e uma relação de verdade, e penso que a música e a arte têm a ver com isso. Eles são meu coração e minha alma. Eles acreditam em mim, e olham para mim como mãe e filha e irmã, com orgulho e amor."

Foi um trabalho árduo, mas ela estava obcecada em fazer dele o evento de sua carreira. "Estou tão louca e inquieta e empolgada com essa turnê. Ela é muito diferente de tudo que vocês viram de mim no ano passado", entusiasmou-se ela. "O que é fantástico nisso foi que consegui planejá-la enquanto estava em uma outra turnê, com uma escala muito menor, abrindo os shows para as [Pussycat] Dolls." No entanto, essa seria a última vez que teria de marchar no ritmo do tambor de outra pessoa: a partir de agora ela tinha orçamento e público para fazer o que quisesse. "Isso vai ser como o último orgasmo criativo para mim, porque estou pronta para seguir em frente. Não estou mais restrita a um tipo de estrutura para o meu show. Não há limitações. Estou livre. Quero ter uma lista clara das dimensões para cada apresentação, para que possamos executar de modo adequado toda a tecnologia e elementos visuais. Preciso planejar mentalmente com dias de antecedência se as coisas serão preparadas; caso contrário, não terei um bom show... Cada show será um show 'A' quando eu tiver as coisas prontas, gritando com todo mundo: 'Pendure isso! Pendure tudo! Ache um lugar para pendurar isso!'. Esse vai ser o meu lema."

Mesmo tendo adaptado sua abordagem para o tamanho do show em cada local de apresentação da turnê, ela garantiu que não tratou públicos menores de forma diferente quanto à energia que trouxe para cada *performance* – algo que sua antiga colega de turnê, Natasha Bedingfield, achou incrível. "Quando canto ao vivo, vou em frente com um objetivo", disse Gaga ao *Mail*. "Quero garantir que todos no lugar saibam meu nome no fim do show. Natasha e eu fizemos uma turnê juntas, com o grupo New Kids on the Block, e ela me contou como foi animador ver o esforço fora de moda recompensado. Mas meu show é o mesmo se estou cantando para 15 mil pessoas em uma grande arena ou para um punhado de pessoas em um clube pequeno. Apresento cada show como se fosse no Madison Square Garden."

A turnê foi tão bem sucedida que em maio daquele ano ela anunciou que a estenderia para passar pela temporada de festival e continuaria como um evento maior, uma versão mais audaciosa dessa mesma turnê, na América do Norte. "Ah, você não tem ideia – a turnê que estamos para anunciar é um sonho, e tenho que me beliscar todos os dias para lembrar que isso está acontecendo!" Na verdade, ela estava indo de um patamar de sucesso a outro superior. Além das novas turnês, ela estaria relançando em breve seu primeiro álbum para incluir um novo material que, segundo ela, havia sido inspirado por suas experiências na turnê. "Quando você viaja pelo mundo cinco vezes, isso muda você. Para mim em particular, escrevo tudo em minha música. Então, como estou trabalhando e estou nesse furacão de uma experiência, estou me tornando uma compositora melhor, porque estou experienciando e vendo coisas e informações novas que eu não tinha quando escrevi *The Fame*. Então agora tenho essas novas informações e uma nova espiritualidade e um amor recente e arte no meu espírito – e essa é a nova música." No devido tempo, esse material extra seria desenvolvido em um novo álbum.

Apesar do fato de *The Fame* ter lançado seu estrelato internacional, de ter feito com que viajasse ao redor do globo e de ter ganho as indicações em alguns dos maiores prêmios da indústria, ela diz que isso não a afetou até agora. "Realmente não observei nada ainda. Sinto isso quando sou perseguida por pessoas e paparazzi, mas sou bem isolada. Trabalho o dia todo e me importo muito com o show. Suponho que se eu estiver em danceterias, todas as noites, me divertindo, posso sentir mais os efeitos disso. Mas a verdade é que se não estou no palco cantando, estou no estúdio escrevendo." Quando perguntaram se ela estava preocupada com a forma com que sua nova fama pode afetá-la no futuro, ela afirmou ao Telegraph: "Você está supondo, de forma correta, que eu me importaria com as mesmas liberdades com as quais as outras pessoas se importam, mas eu não. Não me importo em ir ao supermercado. Não me importo em ir a uma danceteria, ficar bêbada e ser fotografada, porque não faço isso. Estou trabalhando em casa. Penso que as pessoas precisam colocar as coisas em perspectiva. Preciso fazer arte e moda e música para viver. Se eu tiver que abrir mão de compras no supermercado, que pena!".

Isso não significa que ela não gostou de sua fama recente e dos fãs que a tornaram o que ela era. "Eu só gostaria de dizer obrigada, amo vocês, gosto muito do apoio que todos vocês me dão", declarou ela depois da turnê. "Acredito que vocês, ouvintes, que me encontraram primeiro, são o futuro dos pensadores da grande arte. Porque realmente acho que qualquer um que me encontre agora estará se prendendo às ideias que tenho, mais do que qualquer coisa. Tem a ver com a música, mas também tem a ver com a história. Então, obrigada, pessoal, por amar e ler a história e gostar dela e ser tão apaixonado quanto eu sou."

Mais tarde, depois de sua segunda turnê, *The Monster Ball Tour*, que se estendeu de novembro de 2009 a junho de 2010, ela agradeceria seus fãs de modo bem visível, marcando a si mesma com uma tatuagem em homenagem a eles. Ela marcou à tinta as palavras "Little Monsters" [Monstrinhos] em seu braço esquerdo, colocando uma foto da arte em sua página do Twitter logo depois, com o seguinte *tweet*: "Vejam o que fiz na noite passada. Monstrinhos para sempre, no braço que segura o meu microfone. x.".

Gaga tem várias outras tatuagens. Talvez a mais visível seja a que está acima de "Little Monsters", que ela fez no Japão, um ano antes – uma citação em alemão de seu filósofo preferido, Rainer Maria Rilke, que pode ser traduzida por: "Na hora mais profunda da noite, confesse a si mesmo que você poderia morrer se fosse proibido de escrever. Volte-se profundamente para o seu coração, de onde ele espalha suas raízes, busque a resposta, e pergunte a si mesmo: preciso escrever?". Como ela disse: "Como, durmo, respiro e sangro cada centímetro do meu trabalho. Eu com certeza morreria se não pudesse ser uma artista". Outras tatuagens incluem o símbolo da paz em seu pulso, flores em seu quadril, no pescoço e nas costas e "Tokyo Love" próximo às flores nas costas. "Isso foi para comemorar a colaboração da Haus com o legendário fotógrafo japonês Araki. Fui amarrada pelo artista de bondage pessoal de Araki, com várias cordas e nós japoneses, e passei por uma experiência visceral de bondage e tortura sexual. Araki me fotografou, usando uma série de várias câmeras", afirmou ela para a *Interview Magazine*. "Ele não fotografou a minha imagem; ele fotografou a minha alma. Passamos a noite com Araki e seus amigos em um bar privado que pertence a ele há mais de 20 anos, onde ele expõe seu trabalho. Nesse local, ele me pintou e tirou fotos polaroides durante a noite. Fiquei honrada em ser a primeira mulher americana que ele fotografou e apenas a segunda artista pop, juntando-me à Björk. Ele assinou as polaroides com "Tokyo Love", e a Haus fez tatuagens de sua marca para comemorar."

As reações para *The Fame Ball Tour* foram mistas, mas, como no álbum em que a turnê foi baseada, geralmente positivas; até os críticos que encontraram coisas negativas para dizer tenderam a concordar que havia muitos elementos para atrair os fãs.

Pelo menos algumas das críticas giram em torno da própria Gaga; não apenas em sua mistura curiosa de ironia e pretensão, mas na própria mulher. Como um crítico do *Telegraph* escreveu posteriormente: "Para um símbolo sexual internacional, Gaga não é especialmente bonita. Ela certamente sabe como posar, sabe posicionar o pescoço para parecer que realmente tem queixo e virar a cabeça para que você quase não possa ver o quanto o nariz dela é proeminente. De qualquer forma, os óculos de sol e as perucas sempre presentes cobrem a maior parte de seu rosto. E ao mesmo tempo em que ela com certeza é aerobicamente em forma, também é bem pequena e robusta, com grandes coxas de zagueiro". Na verdade, geralmente é bem difícil ver sua aparência real, já que ela quase sempre está com roupas e maquiagens pesadas e há pouca coisa visível; até nas partes em que seus trajes parecem deixar pouco para a imaginação, eles tendem a servir para disfarçar ou encobrir seu rosto – óculos de sol, perucas, laços e estilos de cabelo. Fotos de Gaga feitas por paparazzi, quando ela estava de férias, em um raro momento de desinteresse em sua própria aparência, revelam alguém que, na verdade, é bem comum. De fato, isso pode contribuir para o seu apelo; se ela fosse mais atraente, poderia ser tentador concentrar-se na pessoa. Em vez disso, ela dá um jeito de assegurar que a atenção esteja toda nos trajes e na construção de si mesma, e não na pessoa real. Como continuou o crítico do *Telegraph*: "Mas, como Madonna, ela tem carisma e impulso, o tipo de determinação que faz com que os outros a vejam como ela se vê. 'O que quero deixar impresso nas pessoas é que elas podem se tornar quem elas quiserem. A música é o lugar em que me permito ser tão estranha quanto sou.'". Isso ficaria ainda mais extremo, avisou ela a seus críticos – quando a fama fosse encontrada, ela aproveitaria isso ao máximo. "Se as pessoas pensam que Gaga é exagerada e decadente agora, temo por elas, porque elas não têm ideia do que está por vir!"

Conforme seu sucesso crescia, mais pessoas levantaram a voz em reação a Gaga. Havia muitas críticas positivas, mas, igualmente, o lado sombrio da fama também surgiu. Isso é algo que Gaga realmente não parece ter antecipado. Ela parece pensar que, por entender de sua indústria – o negócio da celebridade –, ela pode controlá-la. Isso pode ser verdade, mas só até certo ponto. Ao mesmo tempo em que conseguiu manipular a indústria para que ela subisse ao topo, há apenas um caminho para sair de lá – a decadência. Colocado de forma simples, a cultura da celebridade não permite que seus deuses e deusas permaneçam imaculados. Ter um ícone que permaneça no topo e acumule elogios por sua arte não está nas regras. Gaga trabalhou arduamente para encontrar seu caminho até o topo de um negócio que tem como um de seus valores principais a destruição do que ele tem de precioso.

Isso vale para qualquer celebridade – especialmente aquelas que alcançaram uma proeminência em pouco tempo, como ela. Quanto mais famosa for a celebridade, mais alguns setores da mídia buscarão desenterrar o lado sujo, com a intenção de prejudicar seu alvo. Até agora, ela conseguiu vencer o jogo, expondo seu coração e deixando os esqueletos (como seus dias de drogas e experimentação sexual inspirados em Warhol) fora do armário antes que outra pessoa os encontrasse. Mas, até agora, tem sido uma temporada aberta.

Os boatos e histórias destrutivas sempre giram em torno de relacionamentos, casos e rompimentos – essa é a matéria-prima de revistas de celebridades e tira proveito do amor voyeurístico que muitas pessoas têm de ver os ícones de sua cultura mostrados vulneráveis, como o restante de nós, apesar de sua aparente riqueza e privilégio. E Gaga foi exposta à sua parcela justa disso bem antes. Mas as histórias não precisam ser verdadeiras e nem mesmo sensíveis. O que importa é que elas tenham vida própria, tornem-se repetitivas e divulgadas, com novas interpretações por cada picareta e por cada blogueiro na internet, e disseminem os fatos como realidade entre aqueles que não sabem muito mais. Quando uma história ganha destaque, é muito difícil voltar atrás. E mesmo se ela for totalmente absurda, isso não importa. Parte da diversão, da perspectiva da imprensa de caça às celebridades, consiste em perseguir, questionar e importunar até que seu alvo perca a paciência e os nervos, talvez deixando-se abater, gritando ou chorando – sendo essa resposta emocional, é claro, considerada perversamente uma confirmação da história.

Uma história desse tipo apareceu em agosto de 2009, embora suas origens permaneçam no passado. No fim de 2008, conforme ela foi ganhando fatias maiores de atenção da mídia, alguns começaram a questionar sua aparência. Não era tanto sua aparência atraente ou algo assim, mas como ela se fazia entender. Uma cantora popular a criticou abertamente. Christina Aguilera foi claramente alfinetada quando várias fontes começaram a perguntar se ela tinha se apropriado do *look* de Lady Gaga em termos de moda, maquiagem e estilo de cabelo. É compreensível que isso seria chato; afinal de contas, Gaga era virtualmente ninguém antes de 2008, enquanto Aguilera é mundialmente famosa há dez anos. E agora, uma porção de reclamões estava sugerindo que ela precisava da ajuda...

"Não sei bem quem é essa pessoa, para ser honesta", retrucou Aguilera ao ser questionada se ela poderia ser listada entre os fãs e admiradores de Gaga. "Não sei se é um homem ou uma mulher." Na época, isso não aborreceu Gaga, que manteve um alto nível moral, respondendo sobre Aguilera: "Acho que ela é muito talentosa". Além disso, continuou ela, a cantora tinha razão: "Olhe para mim: posso muito bem ser um homem gay. Quando ouço comentários assim, respondo: 'Ela está totalmente certa', porque ela viu o Warhol em mim. Claro que há uma semelhança, mas ninguém pode me copiar, porque não posso ser copiada... De forma alguma, não me senti nem um pouco ofendida, porque sinto que ela estava só retomando algo que estou tentando fazer com o meu trabalho. O que há de tão errado em ser travesti? Acontece que acho a Christina extremamente talentosa e sempre fui uma grande fã dela quando era pequena. Quando alguém liga para você e fala que Christina Aguilera disse algo sobre você na imprensa, você fica se perguntando: "O que está acontecendo?".

A aparência andrógina, é claro, foi projetada por ela, com base em ídolos que fizeram a mesma abordagem, tanto homens quanto mulheres. "Adoro Grace Jones e David Bowie porque os dois brincaram com gêneros e com o que 'sexy' significa." Mesmo que o gênero e a sexualidade sejam duas coisas completamente diferentes, esse apelo andrógino tende a ser combinado com sua bissexualidade autodeclarada na imprensa. "Não sou uma mulher gay", afirmou ela para a revista gay e lésbica *Out*. "Sou uma mulher com um espírito livre: tive namorados e me relacionei com mulheres, mas nunca fui do tipo 'descobri meu lado gay quando eu tinha – reticências.'" Ela tem sido uma voz proponente dos direitos gays – fazendo parte, por exemplo, da *National Equality March* [Marcha Nacional para a Igualdade] de 2009, em Washington, DC. "Essa marcha é um chamado para que todas as pessoas do país inteiro se concentrem e marchem para serem visíveis como algo único e para falar abertamente e exigir direitos completamente iguais para todos os cidadãos – lésbicas, gays, bissexuais e transgêneros – em todos os 50 estados", anunciou ela. "Se nos vemos como pessoas livres e iguais, então precisamos agir como pessoas livres e iguais. Agora é a hora de agir, então levantem a bunda, vão para DC e deem seu apoio. Falem e exijam ser ouvidos. Espero vê-los lá."

Em parte, diz ela, seu apoio à comunidade gay se deve ao fato de ela ter sido apoiada por seus membros quando estava apenas começando a ser famosa. "Quando comecei a trabalhar no meio em voga, foram os gays que me levantaram. Me comprometi com eles e eles se comprometeram comigo, e por causa da comunidade gay estou onde estou hoje." Esse fator encontra expressão em seu trabalho agora: "Quero muito injetar a cultura gay na tendência em voga", diz ela. "Não é uma ferramenta *underground* para mim. É toda a minha vida. Então sempre brinco um pouco, dizendo que a motivação real é só fazer com que o mundo seja gay."

Em junho, ela afirmou ao *USA Today*: "Não penso que ser gay ou ser bissexual ou ser sexualmente livre é algo que deveria ser escondido. Todos têm direito à discrição, é claro, mas não me sinto especialmente retraída sobre isso. Trata-se de quem eu sou. Canto abertamente sobre isso em minha música, então suponho que posso dizer que escolhi não esconder esse fato nas entrevistas porque não me importo em esconder e, em segundo lugar, porque é muito óbvio na minha música que gosto de mulheres". Na verdade, ela sugeriu que é mais fácil ter relacionamentos com mulheres. "Meu problema é definitivamente os homens. Só me apaixonei de verdade uma vez. Ele não queria que eu fizesse esse trabalho. Ele queria que eu ficasse em casa, então eu o deixei. Isso partiu meu coração, mas também me fez perceber que meu amor pela música está em primeiro lugar. A minha música nunca vai rolar na cama um dia e dizer que não me ama mais. Tenho problema com rejeição. Mas adoro homens britânicos", acrescentou ela. "Eles são inteligentes e o sotaque beira a pretensão, o que eu adoro."

De qualquer forma, ter se posicionado honestamente no campo dos direitos e interesses lésbicos, gays, bissexuais e transgêneros, em agosto de 2009, fez com que surgissem boatos de que ela era transexual. Um vídeo não editado com ela dançando em Glastonbury parecia mostrar algo que estaria fora de lugar em uma mulher. Não é preciso dizer que foram os sites de fofocas desprezíveis que surgiram com isso primeiro, mas, depois de um tempo, jornalistas mais respeitáveis (mais respeitáveis, não realmente respeitáveis) e os mais tradicionais também começaram a fazer perguntas.

O site Hollyscoop.com relatou que isso era algo a que ela tinha se referido antes, em um *post* de blog. "Não é algo de que me envergonho, só é algo que não saio por aí falando para todo mundo. Sim. Tenho genitália masculina e feminina, mas me considero uma mulher", presumivelmente escreveu ela. Até a ABC News sentiu a necessidade de transmitir a informação de uma "fonte" similarmente confiável, a Bossip.com. "É apenas um pequeno pênis e não interfere muito na minha vida. A razão por eu não ter falado sobre isso é porque não é um grande problema para mim. Tipo 'deixa pra lá'. Não costumamos sair por aí falando sobre nossas x\*\*\*\*. Acho que é uma boa oportunidade de fazer com que pessoas de vários gêneros se sintam mais confortáveis com seus próprios corpos. Sou sexy, sou gostosa. Tenho uma b\*\*\*\*\* e um p\*\*\*\*. Grande m\*\*\*\*."

No passado, ela expressou sua admiração por transexuais. "Adoro travestis. Sempre que estou com uma aparência bem louca e tento explicar isso para as pessoas, digo a elas que estou parecendo uma tranqueira gostosa hoje, e isso quer dizer que estou com uma aparência fabulosa." Mas quando seu agente foi questionado sobre as fofocas pela rede de notícias, ele respondeu: "Isso é totalmente ridículo". Essa foi uma fofoca com que eles apareceram para querer diminuí-la.

Mas, então, não era ridículo esse tipo de coisa? Dignificar a história com uma resposta talvez tenha sido a forma menos inteligente de fazê-la desaparecer. Não muito tempo depois, os meios tradicionais também começaram a pensar se havia alguma coisa nisso. Até a premiada apresentadora de talk-show norte-americana, Barbara Walters, fez uma tentativa incursiva na área. "Primeiro, foi muito estranho e todos meio que diziam: 'Essa é uma história e tanto!'. Mas, de certa forma, me retrato de um jeito muito andrógino, e adoro androginia", respondeu ela.

Entretanto, não demorou muito até Gaga ser completamente tirada do sério. Em uma ocasião, quando ela estava fazendo uma turnê promocional na Alemanha, um apresentador fez a pergunta para ela de novo. Em um estilo tipicamente teutônico, direto, o apresentador Collien Fernandes, do canal televisivo de música "Viva", disse: "Adoro suas roupas Marc Jacobs, você está ótima. Mas tenho uma pergunta: você tem um pênis ou não?". A resposta de Gaga também foi direta: "Minha vagina maravilhosa está muito ofendida com essa pergunta". Então ela fez com que ele fosse forçosamente retirado da coletiva com a imprensa. Collien depois comentou: "Não entendo por que tanto barulho. É óbvio que alguém faria essa pergunta para ela depois que a foto foi parar em todos os jornais".

As histórias não parecem ter prejudicado sua vida amorosa, embora esta seja uma área que parece ter sido reportada de menos desde sua ascensão para a fama. Em geral, jornalistas de celebridades são ávidos demais para publicar cada detalhe que puderem – verdadeiros ou não – sobre os relacionamentos das celebridades. Neste caso, parece que sua ética de trabalho, combinada com a distração por seu estilo bizarro, significa que eles estão em atraso. No entanto, a mídia é rápida em pegar algo no ar e, sem dúvida, especializar-se nessa área assim que seus valores chocantes perderem a força e eles precisarem de mais coisas para escrever.

Em abril, vimos o início dessa tendência indesejável quando ela foi fotografada com "Speedy", descrito pelos tabloides e revistas como um "empresário estabelecido em Los Angeles". (Como comentado em celebuzz.com: "Hmm, duas grandes bandeiras vermelhas aqui: 'empresário' e o fato de que ele tem o mesmo nome que um personagem dos Loonie Tunes [no Brasil, o personagem "Speedy" ficou conhecido como "Ligeirinho"]".) Ela conheceu Speedy no *set* de seu clipe "Love Game". De qualquer forma, foi um foco diferente para a imprensa, que provavelmente estava se coçando para encontrar algo mais pessoal sobre ela.

Isso não durou. "Amigos" – código jornalístico para uma história inventada e atribuída a uma fonte anônima por motivos de credibilidade e preservação do sigilo – disseram que era porque ela estava ocupada demais. "Há coisas demais na cabeça dela no momento. Ela gosta muito de Speedy, mas agora não é hora para ela ter um relacionamento." Essa declaração banal foi complementada por um comentário da própria Gaga: "Mesmo tendo dias em que eu quero transar com caras muito bonitos, sou devota ao meu trabalho".

Eles ficaram em um vaivém por um tempo, até que em julho ele abertamente a deixou, depois de descobrir que ela estava beijando outros homens – com, no mínimo, uma evidência fotográfica em que ela aparecia abraçada com um aparente estranho em uma apresentação musical na Brixton Academy. "Ele ficou tão decepcionado e não gosta de traidores", afirmou uma – assim chamada – "fonte". "Foi difícil para eles um relacionamento a longa distância, mas então aconteceu isso e, para ele, foi o fim."

Durante o breve relacionamento, a imprensa, na verdade, teve pouco para prosseguir. Além das estranhas fotografias – algumas delas retratando um casal que, na verdade, parecia frustrantemente comum –, não havia nenhum grande escândalo e faltavam informações consistentes.

(Eles foram fotografados no Havaí em junho; Gaga estava com pouca maquiagem e não vestia trajes estranhos.) Ninguém parecia saber nem qual era o verdadeiro nome de Speedy ou em que ele realmente trabalhava.

Além disso, houve um outro incêndio para apagar. Uma tempestade surgiu, não em um copo d'água, mas em uma xícara. Por algum tempo, ela foi vista segurando uma determinada xícara de chá com desenhos florais e se recusava a beber em qualquer outra coisa. Um certo dia, ela esqueceu-a em um hotel e enviou um táxi de volta para pegá-la, por uma taxa de £35. "Ela reclamou bastante e pediu para que alguém pegasse a xícara e o pires para ela", disse ainda uma outra fonte. "Ela não bebia em nenhuma outra coisa. Para mim parecia uma xícara e um pires comuns e tinha escrito 'Made in China' na parte de baixo. Parecia muito barulho por nada." Um porta-voz de Lady Gaga presumivelmente informou: "Lady Gaga não quer revelar nada sobre a xícara, mas beber chá de gengibre é muito bom para cantores". Depois disso, ela até a levou no show de Jonathan Ross. Ross, é claro, agiu normalmente. "Você trouxe seu chá em sua linda xícara", observou ele, sem se perturbar.

Alguns dias depois, ela explicou para um perplexo jornalista do *Sun*: "Ela [fazendo alusão à xícara] não tem nome, mas é bem famosa agora, então eu a deixei ficar em casa hoje. Eu a levo para todos os lugares porque ela me faz sentir em casa. Eu costumava tomar chá em casa, com a minha mãe, todos os dias, sabe. Peguei o hábito de beber em uma xícara de porcelana porque ela me faz sentir enraizada. Não acho que seja um bom estilo de vida comer e beber sempre em pratos e copos de papel. É muito desperdício." A xícara de chá se tornou uma celebridade por direito, ganhando sua própria página no Facebook e, até hoje, conta com quase 5 mil fãs.

# 4

## OS MONSTROS

Em maio, seu hit "Just Dance" ganhou a competição para se tornar o Hino Gay do Ano da Grã-Bretanha, deixando para trás "Womanizer", de Britney Spears, e "The Fear", de Lily Allen. Uma ótima notícia para Gaga, não tão boa para alguns com quem ela trabalhou, que tinham um ponto de vista levemente mais estreito. 2009 veria uma turnê conjunta – chamada *Fame Kills* – entre Kanye West e Lady Gaga. West não era exatamente o queridinho do mês na época, depois de insultar a estrela country Taylor Swift em frente às câmeras na premiação do MTV VMA. Ele pegou o microfone e anunciou: "Taylor, vou deixar você terminar, mas a Beyoncé tinha um dos melhores vídeos de todos os tempos!" Alguns não compartilhavam a opinião dele, e ele foi bombardeado de críticas por sua falta de tato e boas maneiras para com a ganhadora. Até Barack Obama foi tentado a comentar "ele é um idiota", quando o assunto foi levantado.

A turnê foi posteriormente cancelada, oficialmente devido à falta de interesse. No entanto, não antes que um outro rapper, 50 Cent, fizesse alguns comentários desavisados em uma rádio de Nova York. "Ahh, a turnê gay", disse ele. Para se fazer justiça a ele, isso foi realmente apenas uma referência a algo que a própria Gaga havia dito. "Eu só quero ser clara antes de decidirmos fazer isso juntos", disse ela a Kanye West. "Sou gay. Minha música é gay. Meu show é gay. E eu adoro que ele seja gay." Então foi pouco surpreendente que 50 Cent se referisse a ela como a "turnê gay". Mas, sendo rapper – um tipo de cantor não conhecido por suas tendências homófilas –, também foi pouco inteligente de sua parte.

Tentando desesperadamente voltar atrás, 50 Cent depois disse: "Não tenho nada contra eles, mas ele é legal com as pessoas gays. Ele vai e lança seus clipes com eles. Lembra do álbum *808 & Heartbreak*? Lembra onde ele fez sua estreia do vídeo 'Lock Lockdown'? Ele foi ao programa da Ellen DeGeneres. Só estou dizendo que ele tem consciência da comunidade gay". Ainda mais tarde, ele fez uma declaração para apaziguar o lobby gay. "Durante uma entrevista com Angie Martinez ontem, alguns comentários que fiz foram tirados completamente do contexto. Quando me referi à turnê da Lady Gaga como a 'turnê gay', eu estava basicamente repetindo o que pensei que ela tivesse se referido à turnê no passado. Não foi minha intenção ofender ninguém. Não tenho problema com o estilo de vida de ninguém e não tenho problema com a Lady Gaga, ela faz uma ótima música."

Gaga está andando por um caminho perigoso com a bandeira gay. Apesar de ter falado abertamente sobre sua bissexualidade no passado, agora ela percebe que teria sido melhor ter ficado quieta sobre esse assunto – não por causa do medo do preconceito, mas porque as pessoas poderiam questionar sua motivação. "Na verdade, é algo de que não queria mais falar. Estou meio decepcionada por tudo isso. Não gosto de ser vista como alguém que está usando a comunidade gay para parecer ousada. Sou uma mulher sexualmente livre e gosto do que eu gosto. Não quero que as pessoas escrevam isso sobre mim, porque sinto como se parecesse que eu estivesse dizendo isso porque estou tentando ser ousada ou *underground*", disse ela à *Fab*. "Sou muito cuidadosa com o modo com que escrevo sobre sexualidade. Ultrapasso limites em tudo que faço; tenho várias cenas de garotas com garotas nos meus clipes, existem muitos garotos com garotos no palco. Faço todo tipo de coisa assim e não quero que ninguém se sinta usado. Não estou tentando usar meus fãs gays para conseguir uma base de fãs. Eu realmente os amo de verdade e por isso tomei a decisão, bem antes, de não apresentar 'Boys Boys Boys' nos clubes imediatamente. Não queria que parecesse que eu estava tentando promover uma canção que fosse o hino de um clube gay. Não porque eu não queira ter um hino de clube gay, quero que todas as minhas canções sejam hinos de clube gay, quero que todo o show seja um hino gigantesco de clube gay, eu só não queria ser vista como a garota que está apenas tentando usar suas canções gays para chegar lá. Qualquer um que escreva uma música que toque no tema sexualidade ou qualquer coisa gay está se colocando como um alvo para questionamentos e interrogações. Mas gosto quando as pessoas me fazem esse tipo de pergunta, porque posso contar como é."

A "turnê gay" pode ter sido cancelada, mas, de qualquer forma, ela teve coisas mais importantes para fazer. Seu segundo álbum, intitulado *The Fame Monster*, saiu em novembro de 2009. Originalmente, as oito canções do álbum fariam parte de um relançamento de *The Fame,* mas ela percebeu que isso era algo mais. "Acho que relançamentos são injustos", admitiu. "Significa artistas colocando de mansinho singles em uma peça de trabalho já acabada em um esforço para manter o álbum em circulação. No começo, meu selo só queria que eu incluisse três canções, e agora é muito mais que isso. É um material digno de um novo álbum."

"No meio de minha jornada criativa compondo *The Fame Monster*, surgiu uma revelação emocionante de que esse era, na verdade, meu segundo álbum", disse ela. "Eu não acrescentaria nem tiraria nenhuma canção deste EP. É um corpo completamente conceitual e musical de trabalho que pode se manter independente. Não precisa do *The Fame*. *The Fame Monster* lida com o lado mais obscuro da fama, como o que foi experienciado por Gaga no ano anterior, quando seu primeiro álbum catapultou-a para um renome mundial. "Escrevi sobre tudo que não escrevi em *The Fame*. Enquanto viajava pelo mundo por dois anos, encontrei vários monstros, cada um representado por uma canção diferente no meu novo álbum: meu 'Medo do Monstro do Sexo', meu 'Medo do Monstro do Álcool', meu 'Medo do Monstro do Amor', meu 'Medo do Monstro da Morte', meu 'Medo do Monstro da Solidão', etc. Passei muitas noites no Leste Europeu, e esse álbum é uma experimentação pop com batidas industrial/goth, melodias dance dos anos 90, obsessão por gênios líricos de pop melancólico dos anos 80 e fuga. Escrevi enquanto assistia a shows de moda sem som, e estou inclinada a dizer que a minha música foi pensada para eles."

"Eu poderia ter colocado mais canções no disco, mas decidi não colocar porque achei que elas se encaixavam de um jeito bonito juntas", disse ela à *Rolling Stone*. "Estou muito empolgada com meu novo trabalho, e estou passando por situações realmente maravilhosas e também por outras bastante desagradáveis, tudo ao mesmo tempo, então isso tem sido bom para o meu trabalho artístico. No relançamento, escrevi a canção 'Speechless', que penso ser a melhor que já escrevi. É sobre o meu pai; é uma balada bem bonita. É conduzida por piano, e não tem nenhuma batida nela, é feita com instrumentos ao vivo. Eu a produzi com Ron Fair, então fizemos uma orquestra ao vivo completa, gravamos tudo com bateria ao vivo, guitarra e baixo ao vivo, e eu tocando piano. Conseguimos aquele sentimento realmente orgânico, delicioso." De alguma forma, a canção é surpreendentemente não Gaga, com pouco da sensação *electro-synth*, marca registrada. Em muitos sentidos – tematicamente, também –, parece deslocada do álbum. No entanto, diz ela, era uma canção que ela precisava escrever. "Speechless" trata de seu medo de perder seu pai. Talvez seja a canção mais aberta e honesta que ela tenha escrito.

"Meu pai tem uma doença cardíaca há 15 anos", disse ela à MTV News. "Ele tem ou tinha uma válvula aórtica defeituosa, e, por um bom tempo, o corpo dele estava bombeando um terço do sangue que ele deveria conseguir toda vez que o coração dele batia." Ele se recusou a ser tratado da doença; em vez disso, simplesmente continuou levando a vida de modo indiferente. "Então ele se resignou em não fazer a cirurgia e disse para minha mãe e para mim que ele ia deixar a vida seguir seu curso", continuou ela. "Eu estava ausente, viajando a trabalho, e ele começou a enfraquecer quando parti." Longe de casa, em turnê, havia pouco que pudesse fazer. "Minha mãe me ligou e eu estava muito deprimida. Eu estava em turnê e não podia ir embora, então fui para o estúdio e escrevi essa canção, 'Speechless', que é sobre essas ligações telefônicas. Meu pai costumava me ligar depois de ter tomando uns drinks, e eu não sabia o que dizer. Ficava muda e tinha medo de perdê-lo e não estar lá." No fim, ele passou pela cirurgia, mas a canção permanece como um raro momento de vulnerabilidade em sua música.

A recepção crítica do álbum foi novamente mista, embora ele tenha decolado das prateleiras das lojas de discos. Sal Cinquemani, da *Slant Magazine* – depois de, sem rodeios, criticar o álbum como "irregular, extravagante e totalmente materialista" (provavelmente algo que deliciaria Gaga) –, suaviza: "*Fame Monster* proporciona poucos relances, mesmo que rapidamente, além da pretensão. Há algo instrutivo na forma com que Gaga rejeita qualquer e toda intimidade com as outras pessoas. 'So Happy I Could Die' é uma canção de amor, mas o objeto de seu amor é ela mesma – olhando para ela mesma, bebendo com ela mesma, dançando com ela mesma, tocando a si mesma. 'Alejandro', uma pretensa homenagem ao ABBA via Ace of Base, apresenta a cantora evitando um harém de homens latinos, enquanto opta pela pista de dança e não por atender a ligação de um amante em 'Telephone'. Quando ela finalmente deixa alguém se aproximar (ou quase isso), é um 'Bad Romance', ou ele é um 'Monster'. 'Teeth', que soa como algo do último álbum de estúdio de Michael Jackson sendo cantado por Christina Aguilera, é essencialmente uma ode gospel ao sadomasoquismo; é revelador o fato de que o mais próximo que ela consegue chegar de outro ser humano envolva ser amarrado e mordido."

Como Cinquemani sugere, existe algo que é mais autenticamente Gaga aqui do que vemos em qualquer outro lugar. Ela colocou mais dela mesma nisso – e o que quer que "ela mesma" signifique, é algo que ela geralmente prefere esconder da vista do público, em favor de uma versão fabricada. Talvez ela esteja adquirindo confiança; talvez, em contraste, esteja deixando ela mesma escorregar um pouco. Sua fama é construída em uma imagem, e se ela mostrar seu verdadeiro eu, o que a distingue desaparecerá e ela não será diferente de milhares de outros artistas que revelam suas intimidades. De qualquer forma, Gaga percebe que o resultado é algo muito mais pessoal do que seu trabalho anterior. "Cada canção do meu álbum representa um demônio diferente que encarei em mim mesma, então a música é muito mais pessoal. Não escrevo sobre fama nem dinheiro nesse novo disco. Então falamos de monstros e de como, acredito eu, já nascemos com eles dentro de nós – acho que no Cristianismo chamam isso de 'pecado original' –, da probabilidade de que iremos, em um determinado momento, pecar em nossas vidas e, em certo ponto, teremos que encarar nossos próprios demônios, e eles já estão dentro de nós. Então falamos sobre crescimento, e isso nos conduziu a esse tipo de espaço científico, e começamos então a falar sobre evolução e a evolução da humanidade e de como começamos como uma coisa e nos tornamos outra."

Musical e liricamente, há um pouco mais de sua presença aqui; até na arte da capa ela tenta passar uma imagem diferente. A arte da capa foi criada por um *designer* de moda francês, Heidi Slimane, e tem uma aparência definitivamente gótica. Um lado a apresenta mais como o público espera vê-la, com uma peruca loira e jaqueta de couro; o outro a representa como ela costumava ser, morena, com o cabelo caindo sobre os olhos e maquiagem escorrendo por sua face. A ideia era parecer "mais obscuro e inovador" do que os outros trabalhos anteriores, mas a gravadora dela discordou sobre a foto. "Foi a Terceira Guerra Mundial. Eles disseram: 'É confuso, é obscuro demais, você parece gótica, não é pop'", afirmou ela à *Rolling Stone*. "E eu disse: 'Vocês não sabem o que é pop, porque todos estavam me dizendo que eu não era pop no ano passado, e agora, vejam só – então não venham me dizer o que é pop, eu sei o que é pop'. É engraçado porque briguei, briguei e briguei, e, na verdade, acabei ficando com duas capas, porque queria fazer essa apresentação *yin* e *yang* com elas. Quando quero saber o que meus fãs estão falando, acesso o GagaDaily – eles veem a capa e dizem: 'Não gosto da capa dela loira, mas a capa dela de cabelo castanho ficou muito louca'. Eles adoram isso, e eu sei o que eles adoram, então faço isso para eles, não me importo com o que outras pessoas querem."

Para coincidir com o lançamento de *The Fame Monster,* ela começou uma nova turnê para substituir a que ela tinha inicialmente agendado com Kanye West. *The Monster Ball Tour* duraria de novembro de 2009 a abril de 2010. Isso foi um pouco uma consolação, já que a grande turnê gay com Kanye West tinha sido cancelada. Ela também havia decidido não trabalhar com o material que eles tinham criado, pois isso não seria justo com ele. "Certamente estou inspirada pelo que estávamos fazendo, mas tomei a decisão, com base na integridade, de não usar nada do que estávamos criando juntos", disse ela. "Acontece que não era o momento certo. Não quero enfeitar isso demais, porque quero respeitar a privacidade de Kanye, mas tivemos nossas próprias razões. Somos amigos de verdade, e amigos de verdade podem tomar decisões como essa.

## OS MONSTROS

Queremos manter o movimento acontecendo em termos de a música pop permanecer inovadora com o hip-hop e com o R&B, e realmente queríamos fazer isso, só que não era a hora certa. Mas quem pode dizer o que vai acontecer no futuro?"

A turnê anterior foi muito importante, mas essa, afirmou ela, seria algo muito especial. Em parte, tinha a ver com ter um apoio financeiro, mas também com saber o que seu público realmente queria. "Acho que existem muitos artistas que fazem as coisas muito para eles mesmos, mas não sou um deles. Quando crio e faço música, faço a música que meus fãs querem ouvir", disse ela à *Rolling Stone*. "Eu realmente queria criar um show que fosse o mais bonito, elegante e delicioso, mas que meus fãs não tivessem de pagar uma fortuna para ir ver. Então estamos nos apresentando algumas noites seguidas. Ganhei fãs superleais, então sinto essa obrigação enorme de cuidar deles." Ela estaria ultrapassando limites em termos de moda e também na música. "Vai ser uma outra exploração e um outro nível de onde estávamos com o *Fame Ball*. O tema monstros certamente será uma influência, e também o tema da evolução e da mudança. Vai ser uma experiência realmente artística que tomará a forma da maior festa pós-apocalíptica a que vocês já foram."

Gaga acredita que tenha aberto um novo caminho, musicalmente, aqui. "É uma electro-opera, então o show é um musical, não é apenas um show. Ele tem falas e um tema. Há muitas músicas que você não tinha ouvido antes; algumas delas são bem antigas, algumas são novas, que foram escolhidas especificamente para o próprio show." O gênero, diz ela, é "pioneiro, então realmente é o que quero que seja. O teatro e os elementos da história são no estilo de uma ópera. Imagine se você pudesse pegar os cenários de uma ópera, que são muito majestosos e muito bonitos, e colocá-los em uma perspectiva pop-electro".

Esse desenvolvimento foi expresso no cenário e também na música. "O *design* do show é muito, muito avançado, muito, muito inovador. Tenho pensado em formas de brincar com o formato desse palco e mudar o jeito como vemos as coisas. Então o que tenho feito é planejar, com a Haus of Gaga, um palco que seja essencialmente uma moldura com uma perspectiva obrigatória, e a moldura é colocada dentro do palco. Tem um tipo de complemento triangular, como um diamante, e, em todo lugar que estivermos nos apresentando, as dimensões se encaixarão nessa caixa que vou levar, e essa caixa gigante se encaixa em todos os shows. Então, não importa onde eu vá, meus fãs terão a mesma experiência. Dessa forma, você vai aos teatros e há uma luz ambiente flutuando de todos os tipos de lugares, o público está em diferentes pontos e o palco tem diferentes formatos, comprimentos, larguras e profundidades, então essa é uma forma para eu controlar toda a luz e todos os elementos diferentes do show. O tema do show é evolução."

Uma coisa que ela manteve igual foi seu grupo de dançarinos. "Adoro meus garotos. Meus dançarinos que estão comigo agora estão comigo há dois anos. Acabei de gravar um clipe para 'Bad Romance', e a Haus of Gaga elaborou toda a direção de arte para ele. Trabalhamos com Francis Lawrence, ele é diretor de cinema e quase nunca faz vídeos musicais, e estou realmente impressionada, até comigo mesma – é maravilhoso. Isso é outra coisa que me mantém em movimento; quando você tem momentos de adversidade e desafio na vida, você precisa cavar mais fundo. É a minha música e a minha tristeza que correm uma para a outra, me deixam muda e me dão a habilidade pra fazer coisas novas."

"Bad Romance" foi o single que conduziu *The Fame Monster,* e talvez seja o ápice do gênero Gaga. Tanto a letra da música quanto o vídeo são envolvidos em imagens obscuras, simbólicas e sexuais, oferecendo uma janela na mente dela que é um sonho psicanalítico. O conceito amplo é que Gaga é capturada por um grupo de modelos que a força a beber vodca em uma casa de banhos branca brilhante (a "Bath Haus of Gaga") e então a leiloa para a escravidão sexual. É um conceito estranho, mas que Francis Lawrence agarrou. "Eu sabia que a habilidade dele como diretor é muito superior do que o que eu poderia fazer", disse ela à MTV News. "Eu sabia que ele poderia realizar o vídeo de forma que eu pudesse dar a ele todas as minhas ideias mais estranhas e psicóticas – mas seria feito do jeito certo e seria relevante para o público. Há uma tomada no vídeo em que sou sequestrada por supermodelos. Estou lavando meus pecados e elas jogam vodca na minha garganta para me drogar, até que me vendem para a máfia russa. Foi colaborativo. Ele realmente é um diretor de vídeo pop e cineasta. Ele dirigiu 'Eu sou a Lenda', e eu sou uma grande fã de Will Smith. Eu queria alguém que entendesse como fazer um vídeo pop, porque meu maior desafio ao trabalhar com diretores é que eu sou a diretora e escrevo a abordagem, pego a moda e decido qual o assunto, e é muito difícil encontrar diretores que vão renunciar a qualquer tipo de ideias do artista – mas Francis e eu trabalhamos juntos."

Liricamente, a canção resultou de suas próprias experiências amorosas ruins no ano anterior. "Escrevi isso quando estava na Noruega, em meu ônibus de turnê. Eu estava na Rússia, e depois na Alemanha, e passei muito tempo no Leste Europeu. Lá existe uma música house-tecno maravilhosa, então quis fazer um disco experimental pop. Eu meio que queria deixar um pouco os anos 80, então o refrão é uma melodia dos anos 90, em que ela foi inspirada. Certamente houve um pouco de uísque ao escrever a canção. É sobre estar apaixonada por seu melhor amigo." Apresentando os versos: "I want your ugly/I want your disease/I want your everything/as long as it's free" [Quero sua maldade/quero sua doença/quero seu tudo/desde que seja de graça], a canção marca o tom para o álbum em termos de disfunção sexual e experimentação sexual.

Em termos de moda, o vídeo tem sido chamado de "um produto da passarela". Na verdade, sua estreia aconteceu no show da Paris Fashion Week Primavera/Verão 2010 de Alexander McQueen, no outono de 2009. Um dos acessórios de moda mais estranhos foi um par de óculos de sol feito com lâminas de barbear. "Quis desenhar um par de óculos para algumas das meninas mais duronas e para algumas amigas – não façam isso em casa!", disse ela à MTV News. "Elas costumavam ficar com lâminas de barbear dentro da boca. É esse forte espírito feminino que quero projetar. É para ser assim: 'Essa é minha proteção, essa é minha arma, esse é meu senso interno de fama, esse é meu monstro'."

A crítica e o público adoraram, aclamando isso como um novo lado da sensação em que Gaga tinha se tornado ao longo dos últimos 18 meses. E, eles observaram, isso simbolizou enormemente o que estava acontecendo em sua própria carreira. "O clipe abre com Gaga cercada pelos personagens de vídeos anteriores... Essa Gaga é rapidamente raptada, envenenada com vodca e transformada em algo novo: a supersexy, algo como a versão fantasmagórica do Monstro da Fama, que veremos em sua futura turnê e ouviremos em sua versão atualizada de seu álbum *The Fame Monster*", escreveu o crítico da MTV. "A mensagem é clara: a velha Gaga acabou, aqui está a Gaga novinha em folha: aquela que parece se deliciar em ultrapassar os limites e explorar todas as formas de inclinações sexuais. É um testamento para o seu brilho como artista que Gaga esteja usando o vídeo de 'Bad Romance' como um ponto de início para o próximo passo de sua carreira. Hoje em dia parece que as pop stars raramente colocam esse pensamento em sua visão e em seus produtos. Para onde quer que ela vá a partir daqui, podemos olhar para trás, para esse clipe, como o momento em que tudo mudou."

Por todos os tipos de razões, ela foi e permanecerá por anos uma canção icônica, o ápice e o fim de uma era e o começo de uma outra para ela. Foi seu hino de 2009 – algo consolidado na consciência do público quando ela adaptou a *performance* para usar na semifinal do programa *X-Factor*, em dezembro. Mesmo ela tendo solicitado que o banheiro branco gigante do vídeo fosse construído no palco, a equipe de produção especificou que ela não poderia se concentrar no banheiro. No evento, seus vários dançarinos vestidos de branco se espremeram na banheira maciça, enquanto ela cantava para a plateia usando um traje com chifres e asas em um estilo tecno. Mesmo assim, em um momento, quase no final, ela tocou o piano posicionado ao lado da banheira, de um ponto estratégico no banheiro. Mas o estranho foi que seus pedidos iniciais incluíam cordeiros e borboletas vivos (o que lhe foi negado por "razões de segurança" – possivelmente significando a segurança dos animais).

Para os ensaios, informantes disseram que ela insistiu de modo absoluto em um *set* fechado – supostamente porque ela não queria que ninguém a visse sem maquiagem. "Tivemos algumas das maiores estrelas do mundo em nosso palco, mas elas nunca pediram um *set* fechado", disse uma fonte. "Isso significa que nem mesmo os concorrentes têm permissão para entrar e assistir."

Mas, deve-se observar, esse comportamento de primeira-dama agora é esperado dela. Como o vídeo do *X-Factor* para a sua apresentação lembrou à plateia, no fim de 2009 suas vendas no mundo todo haviam ultrapassado os 30 milhões, ela era responsável pelo single mais baixado da internet na história ("Poker Face", que alcançou 779 mil downloads até setembro – "Just Dance" vem em terceiro lugar, com mais de 700 mil downloads), além de seus hits terem mais de meio bilhão de acessos no YouTube. Como comentado no jornal *Telegraph*: "A ascensão de Lady Gaga tem sido rápida, inexorável e global. Ela tem sido construída não apenas por uma sucessão de singles de sucesso, mas por vídeos com títulos atrativos e *performances* televisionadas. Ela provocou admiração em fãs de rock em Glastonbury, escandalizou o Royal Variety Show e impressionou a audiência do programa *The X-Factor* com 'Bad Romance', uma canção com um verso autoglorificante ('Gaga, ooh la la'), que torna explícito seu apelo afiado e estranho: 'I want your ugly, I want your disease' [Quero sua maldade, quero sua doença]. Ela é um míssil pop autoinventado, autoconstruído e autocoreografado em uma missão para explodir preconcepções."

"Foi um ano de mudanças de vida para mim, de modo criativo como musicista e artista performática", disse ela à revista *Interview* sobre suas experiências cheias de mudanças de 2009. "Deixei o *Fame Ball* humilhada por meus monstrinhos – meus fãs – e orgulhosa da Haus por seus sucessos em meio à adversidade da indústria. Nós arrasamos." Com o sucesso meteórico, não fica claro como ela pode melhorar seu apelo em 2010. Na verdade, no início do ano, seus primeiros sinais de estresse começaram a aparecer. No meio de uma agenda de turnê exaustiva, uma hora antes de entrar no palco em Indiana, ela "desmaiou e perdeu a consciência", passando por dificuldades respiratórias. O show com ingressos esgotados na Purdue University teve de ser cancelado; ela tinha batimentos cardíacos irregulares e foi diagnosticada com desidratação e exaustão. Ela diz que sempre teve uma reação física ao estresse: "Fico com todos os sintomas de uma mulher grávida. Às vezes fico com dor de cabeça, cansada e com a visão embaçada durante uma sessão muito intensa com a Haus."

Seu médico pediu para que ela descansasse por alguns dias, o que a levou a escrever uma explicação em sua página do Twitter: "Não consigo me desculpar o suficiente pelo tanto que lamento. Eu podia ouvir meus fãs me animando do meu vestiário, implorei a todos que me deixassem entrar no palco. Meu palco tem elementos mecânicos complexos, e todos estavam preocupados que eu estaria em perigo durante o show, já que eu tinha perdido a consciência antes." "Espero que vocês possam me perdoar. Amo meus monstrinhos mais que qualquer coisa, vocês são tudo para mim", ela acrescentou depois. Consequentemente, três outras *performances* tiveram de ser adiadas.

Fevereiro foi um pouco melhor para ela, depois que suas indicações ao Brit Awards se transformaram em três prêmios: Revelação Internacional, Melhor Álbum Internacional e Melhor Cantora Internacional. Ela foi uma das primeiras a chegar à cerimônia, e surpreendeu os espectadores ao vestir um de seus trajes mais estranhos até hoje: um vestido branco com três camadas, de Francesco Scognamiglio, com uma máscara e uma peruca pompadouriana branca e alta "que faria até a peruca de colmeia de Amy Winehouse parecer comportada". Ela recebeu seu prêmio vestindo pouco mais que um *collant* fino com um detalhe em renda, não dando muita margem para a imaginação. Conforme comentado no jornal *Mail*: "O traje era parecido com várias figuras icônicas, incluindo Pierrot, o melancólico personagem mímico parecido com um palhaço, e a rainha francesa Maria Antonieta, do século XVIII". "Talvez o visual estranho da garota de 23 anos – parte anjo, parte pagão – tenha sido um aceno para Alexander McQueen." Ela havia ficado devastada com o suicídio do ícone da moda na semana anterior e incluiu uma homenagem a ele em seu discurso. Seu enfeite de cabeça fora criado pelo designer Philip Treacy, após McQueen tê-lo apresentado a Gaga. "Philip tem um designer de chapéus que trabalha durante a noite aqui, então ele levou uns dois dias para ser criado. Essa foi uma de nossas peças de alta costura, e os preços começaram em £5.000", disse um porta-voz de Treacy.

2010 também está assistindo a um aumento de trabalho de caridade em que Gaga tem se envolvido. Quando o colossal terremoto devastou o Haiti em 12 de janeiro, muitas celebridades ajudaram a arrecadar dinheiro e conscientizar as pessoas a ajudarem no esforço para a reconstrução. Gaga doou todos os seus ganhos do show de 24 de janeiro de sua turnê

## OS MONSTROS

*Monster Ball*, incluindo vendas de entradas, *merchandising* e vendas *on-line*, oferecendo mais de US$ 500 mil.

Ela também empenhou mais seus esforços para combater o HIV e a Aids de modo global e juntou forças com o designer de moda americano Jeremy Scott, a fim de promover os preservativos que ele havia criado com Proper Attire. "Não é complicado, apenas uma manifestação da moda", disse ela em um comunicado para a imprensa. "Everybody wrap it up with Jeremy Scott for Proper Attire condoms" [Todos, vamos nos encapar com Jeremy Scott em favor dos preservativos da Proper Attire]. Os lucros das vendas dos preservativos (que estão disponíveis em variedades com texturas de bolinhas, ondulada e fina) vão para a Planned Parenthood.

Antes disso, Gaga havia se juntado ao seu ídolo de infância, Cyndi Lauper, em uma campanha da MAC Cosmetics para levantar fundos para a prevenção do HIV, promovendo a marca de batons VIVA Glam, cujos lucros são todos revertidos à causa. "Tudo que eu puder fazer para ajudar a levantar dinheiro para a conscientização em relação à Aids/ao HIV – é para isso que estou aqui, e estou muito honrada de fazer parte disso. Queremos que as mulheres se sintam fortes e fortes o bastante para que possam se lembrar de se proteger. Tenha esse batom como lembrete em sua bolsa para que, enquanto seu parceiro estiver nu na cama, você vá ao banheiro, passe o batom e traga um preservativo com você. Não há exceções. Essa ideia de negociação antes da relação sexual é meio ridícula na época em que vivemos. Eu diria nunca [haverá exceções], mas você deve estar em um relacionamento amoroso e monogâmico ou casada. Não estamos em uma época em que você pode transar de modo irresponsável e sem preservativo." Lauper, que é 30 anos mais velha que Gaga e viu em primeira mão o que a Aids poderia fazer quando a atenção mundial se voltou para o problema, acrescentou: "Lutar pela causa do HIV/da Aids não é trabalho de apenas uma mulher. Lady Gaga e eu estamos usando nossas vozes como um chamado para que as mulheres do mundo todo ajam. Hoje, ao redor do mundo, as mulheres estão mais propensas a ser infectadas pelo HIV do que os homens. Todos precisamos fazer a nossa parte para lutar pelas mulheres impactadas pelo HIV e pela Aids".

Gaga é uma defensora curiosa do sexo seguro. Ela foi, de modo imprudente, sexualmente promíscua no passado e suas *performances* têm um forte apelo sexual. O que pode ser dito é que esse não é um assunto sobre o qual ela se retrai; ela fica mais que feliz em falar sobre isso em entrevistas (tendo admitido uma vez à revista *Fab* que o lugar mais estranho em que havia transado foi "no banco de trás de um táxi em Nova York. Foi divertido. Eu faria isso de novo, dane-se. É sempre bom fazer coisas escondidas. O escondido no sexo é bom").

"Acho que a questão vai mais fundo. É uma circunstância social e cultural que as mulheres estejam agindo de modo mais passivo-agressivo, mas acho que é por isso que parte da Cyndi e eu estamos aqui", explicou ela. "Se você olhar para o modo com que as cantoras pop são tratadas em termos de serem mulheres sexualmente independentes e fortes – se você fala ou canta sobre sexo, isso é considerado inapropriado, você é um modelo ruim, quando, na realidade, precisamos falar sobre essas coisas e falamos. E acho que se falarmos mais sobre elas, isso não será um grande problema." E ela pode ter razão. Talvez, por ser um símbolo sexual mundial, ela esteja posicionada de modo único para educar seus seguidores sobre os perigos de se ter um *Bad Romance*. Mas é difícil aceitar conselhos sexuais de uma mulher que se orgulha de ter tido uma relação sexual na parte de trás de um táxi amarelo.

Não muito tempo depois, começaram a circular boatos de que ela teria reatado o romance com Matthew Williams, seu melhor amigo e diretor criativo de muitas das produções da Haus of Gaga. Os dois estiveram próximos no passado, mas deram um tempo quando as pressões do trabalho aumentaram muito; desde aquela época, os dois começaram e terminaram outros relacionamentos – Gaga, com o misterioso "Speedy", e Williams, com uma estilista de moda chamada Erin Hirsch, com quem teve um filho.

Williams – conhecido por seus amigos como "Dada" – tem o crédito por ajudar no surgimento do laço de cabelo, marca de Gaga. "Eu e Matt Williams... ele é meu parceiro de criação e meu melhor amigo, desenhamos e direcionamos de modo criativo tudo juntos, estávamos juntos no *set* do meu vídeo 'Poker Face'", disse ela. "Estávamos olhando livros e ele estava olhando um desfile de moda do Gaultier, e Gaultier fez toda aquela arte maravilhosa com cabelo, com gatos e girafas, tipo, loucamente maravilhoso. E eu estava tagarelando sobre laços. Estava me imaginando com centenas de laços. 'Laços estão em toda parte! Laços são a próxima grande atração! Eles não estão nas ruas, mas estão nas festas!'. Então ele disse: 'É, eu gosto de laços, mas todos vão fazer isso'. E eu disse: 'Deixa eu ver essa arte com cabelo. Vai e coloca um puta acessório na minha cabeça'." Foi aí que tudo começou.

Uma "fonte" comentou sobre o relacionamento deles: "Matthew e Gaga estão namorando há meses. Eles estavam ficando por mais de um ano, mas deram um tempo quando a mistura de trabalho e amor ficou difícil demais". No entanto, agora "eles passam tempo juntos e viajam para todos os lugares, então estava para acontecer. Speedy a deixou e Matthew deixou sua namorada por Gaga". Casualmente, a época do relacionamento deles – na turnê – e os comentários de Gaga sobre "Bad Romance" ter como tema a paixão pelo seu melhor amigo identificam bem Williams como o objeto da inspiração dessa música.

Esse foi o começo de um novo e doloroso boato: "Lady Gaga, a Destruidora de Lares", anunciavam, com estardalhaço, muitos sites sensacionalistas sobre celebridades. Naturalmente, nenhuma "fonte" foi nomeada, mas não é assim que as coisas são feitas. Esses boatos estão longe de exigir padrões da evidência produzida. "Matt era louco por Erin, mas Gaga manipulou [a situação] para tê-lo de volta", informou uma outra "fonte". "Matt tem um filho de dez meses, Cairo, com Erin. Quando Cairo tinha apenas dois meses, Matt deixou Erin e o bebê para se juntar à turnê internacional de Gaga. Erin aparentemente percebeu que o romance dela e de Matt havia terminado depois de ver fotos que vieram à tona, de Gaga e Matthew se beijando apaixonadamente durante uma saída noturna em Londres", continua o site, enquanto a "fonte" comentou: "Erin viu as fotos e percebeu o que estava acontecendo. Mesmo Matt tendo dito a ela, em muitas palavras, que eles haviam terminado, na verdade, ver Gaga se dando bem com o pai de seu filho foi absolutamente devastador para ela". Enquanto nenhuma dessas invenções é incomum quando se trata da vida amorosa das celebridades, isso é novo para Gaga. Ela tem estado no centro das atenções em relativamente pouco tempo e – até aqui – tem conseguido evitar a maioria dos excessos dos tabloides, das revistas de celebridades e dos paparazzi.

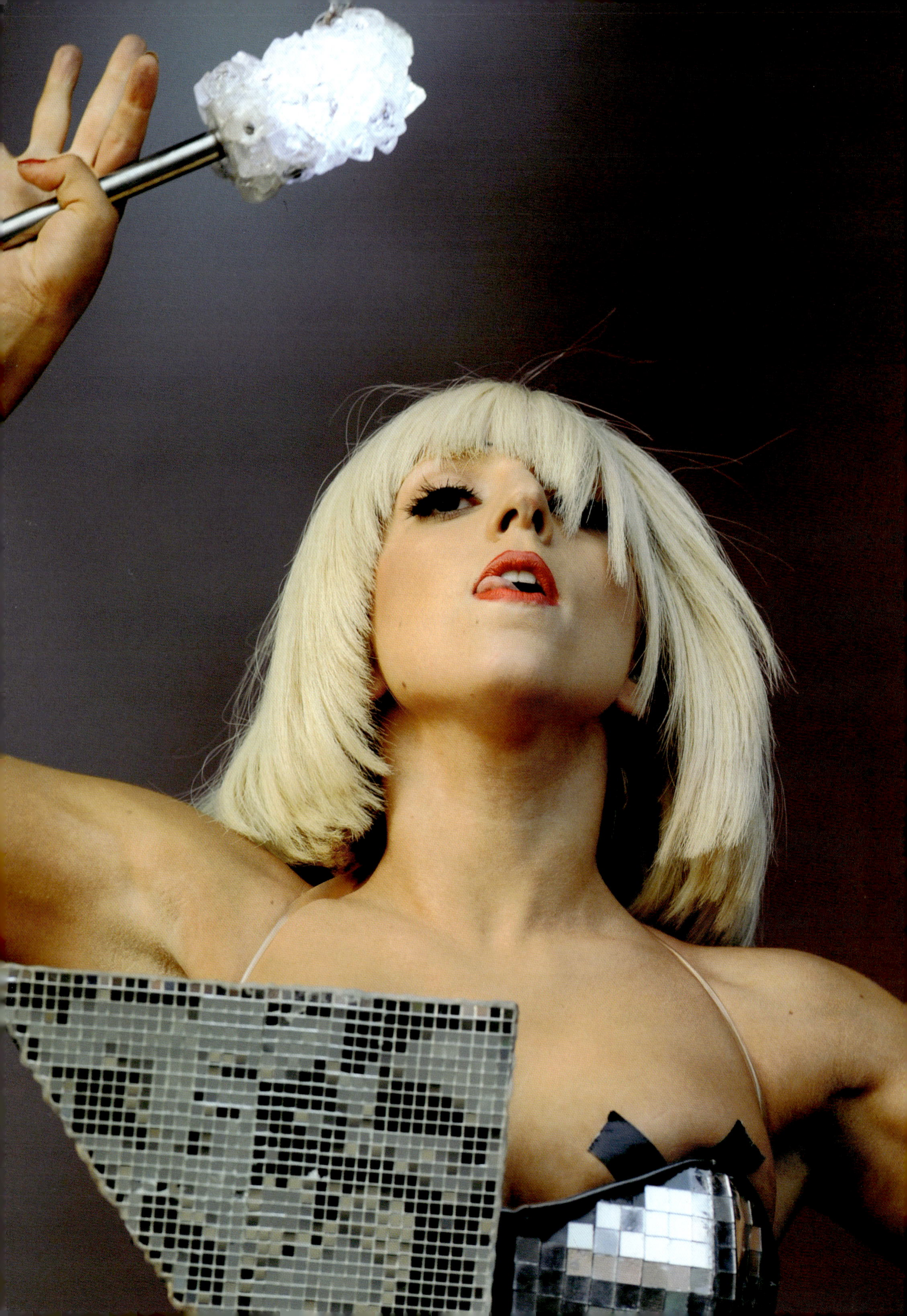

**"**

**As pessoas dizem que a Lady Gaga é uma mentira, e elas estão certas. Sou uma mentira. E todos os dias me mato para tornar isso realidade."**

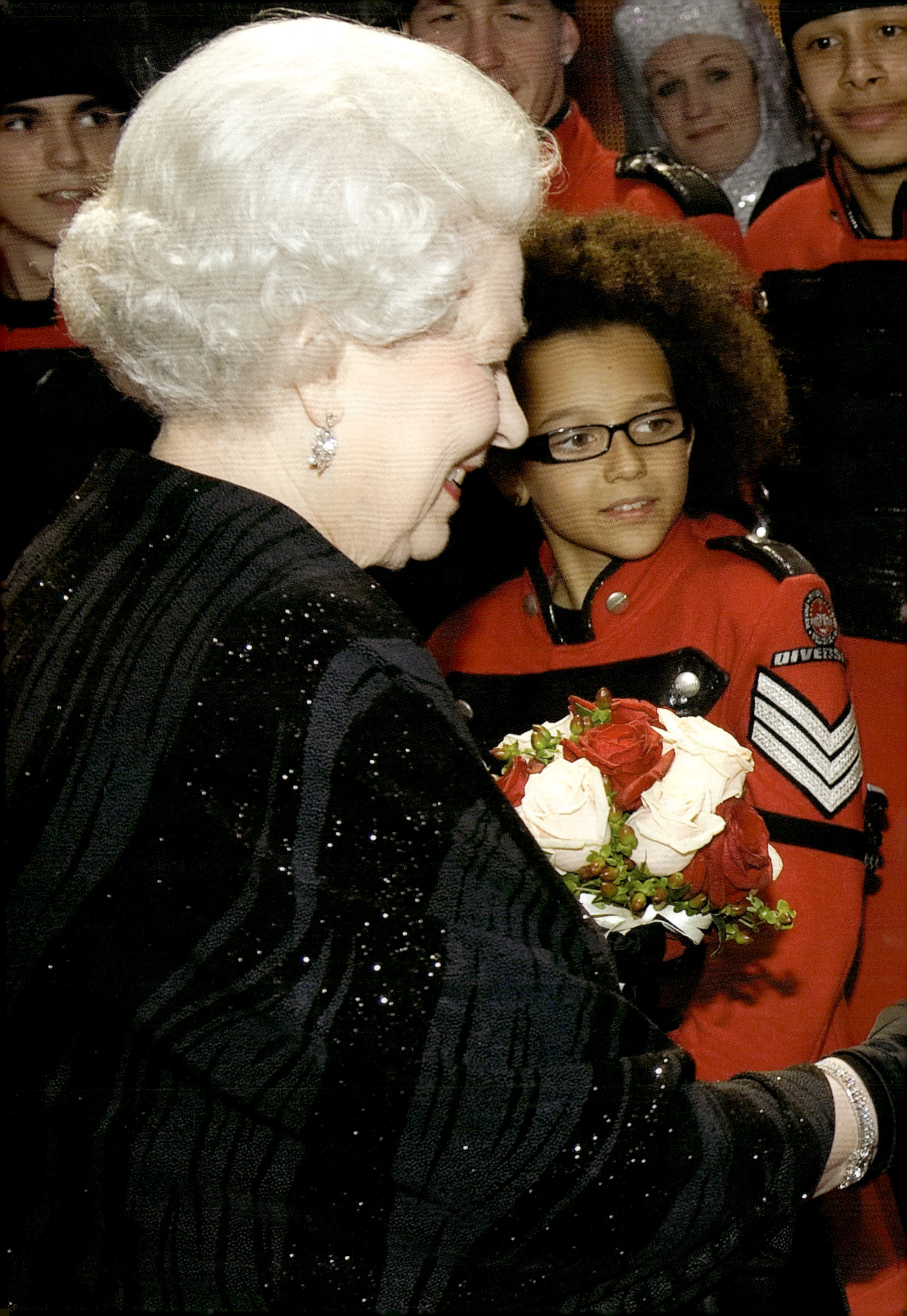

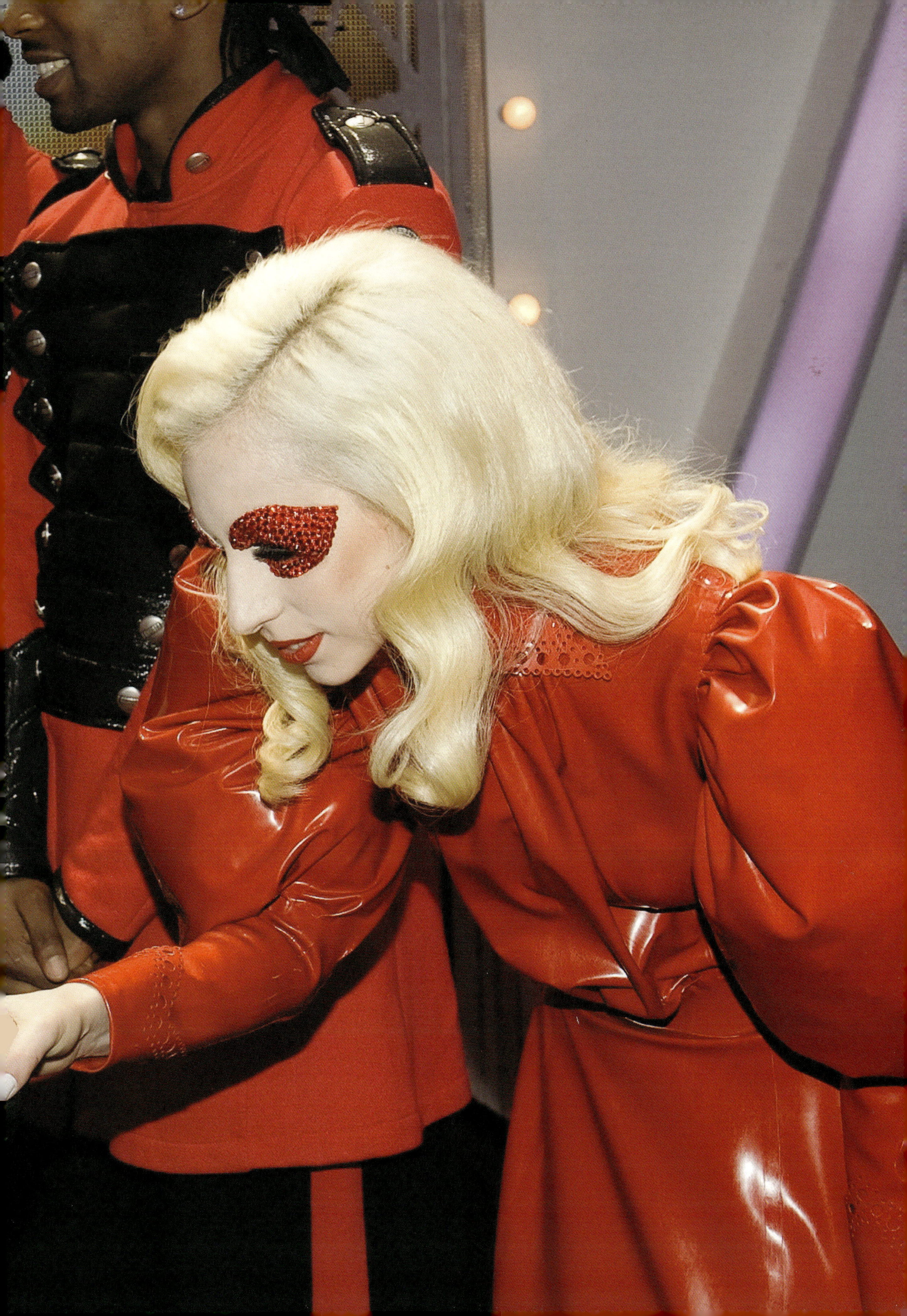

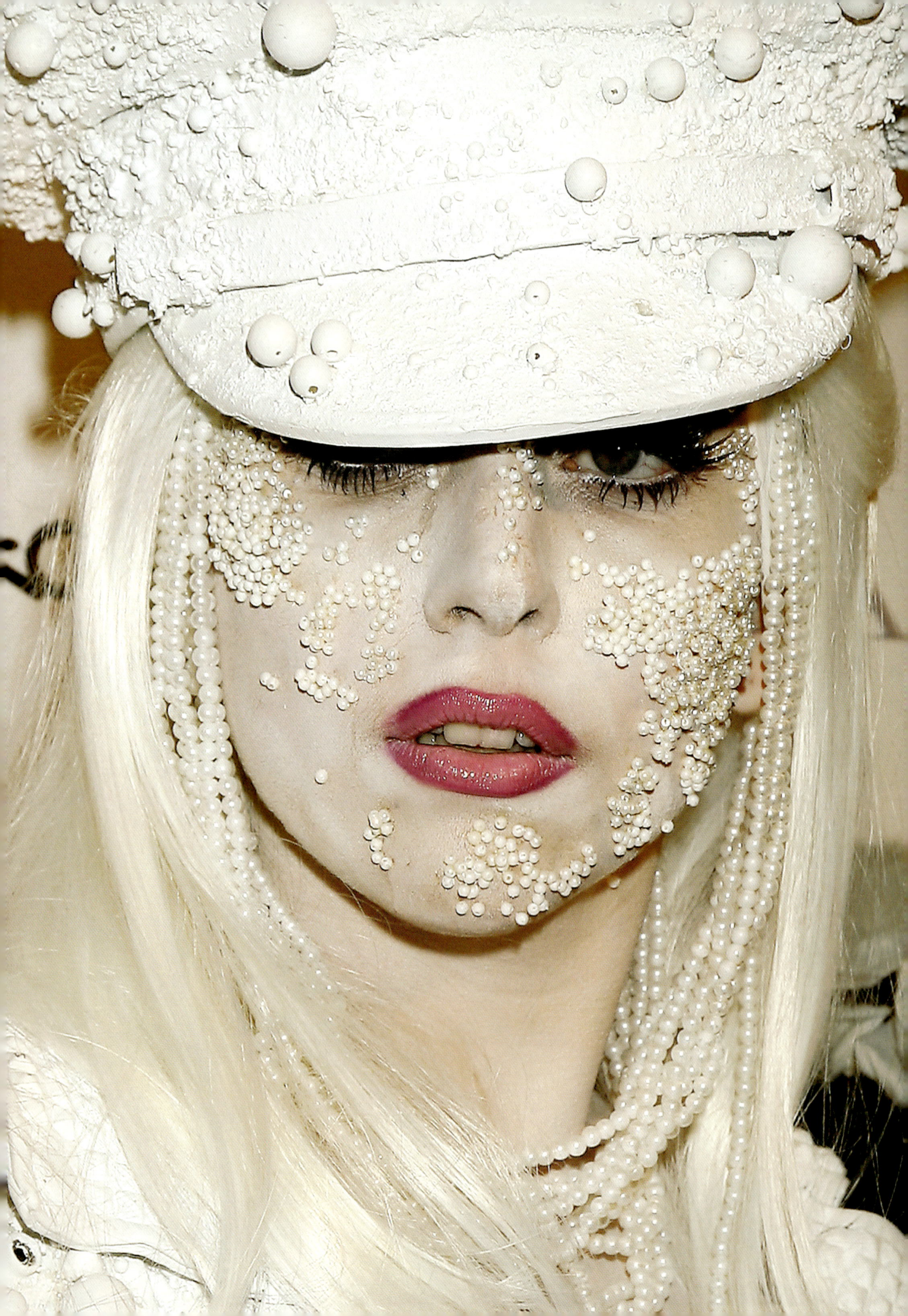

"Vivo bem aqui, no momento. Vivo no palco. Não tenho casa. Vivo com uma mala, faço música e arte e gasto cada dólar que ganho no palco – é isso."

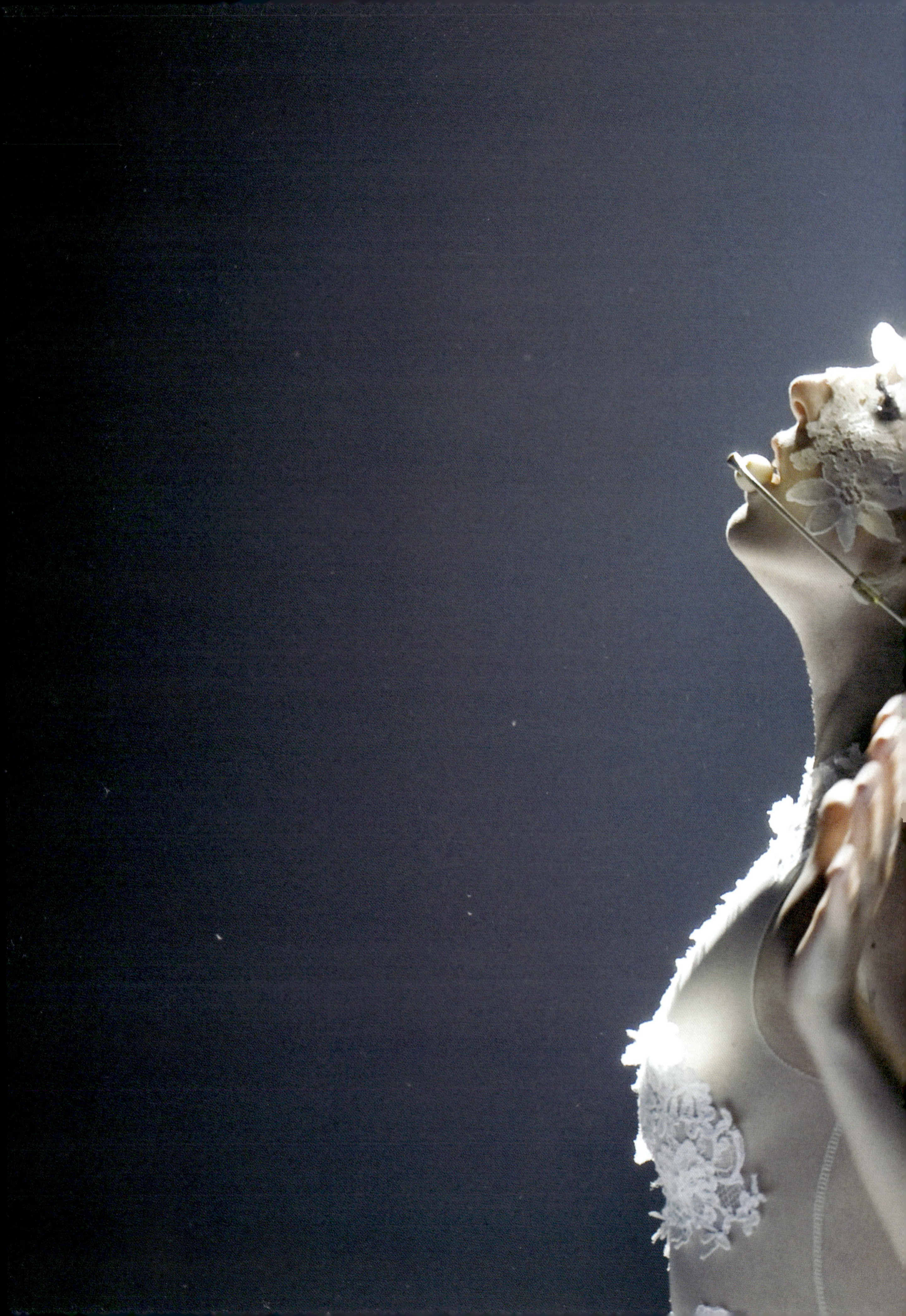

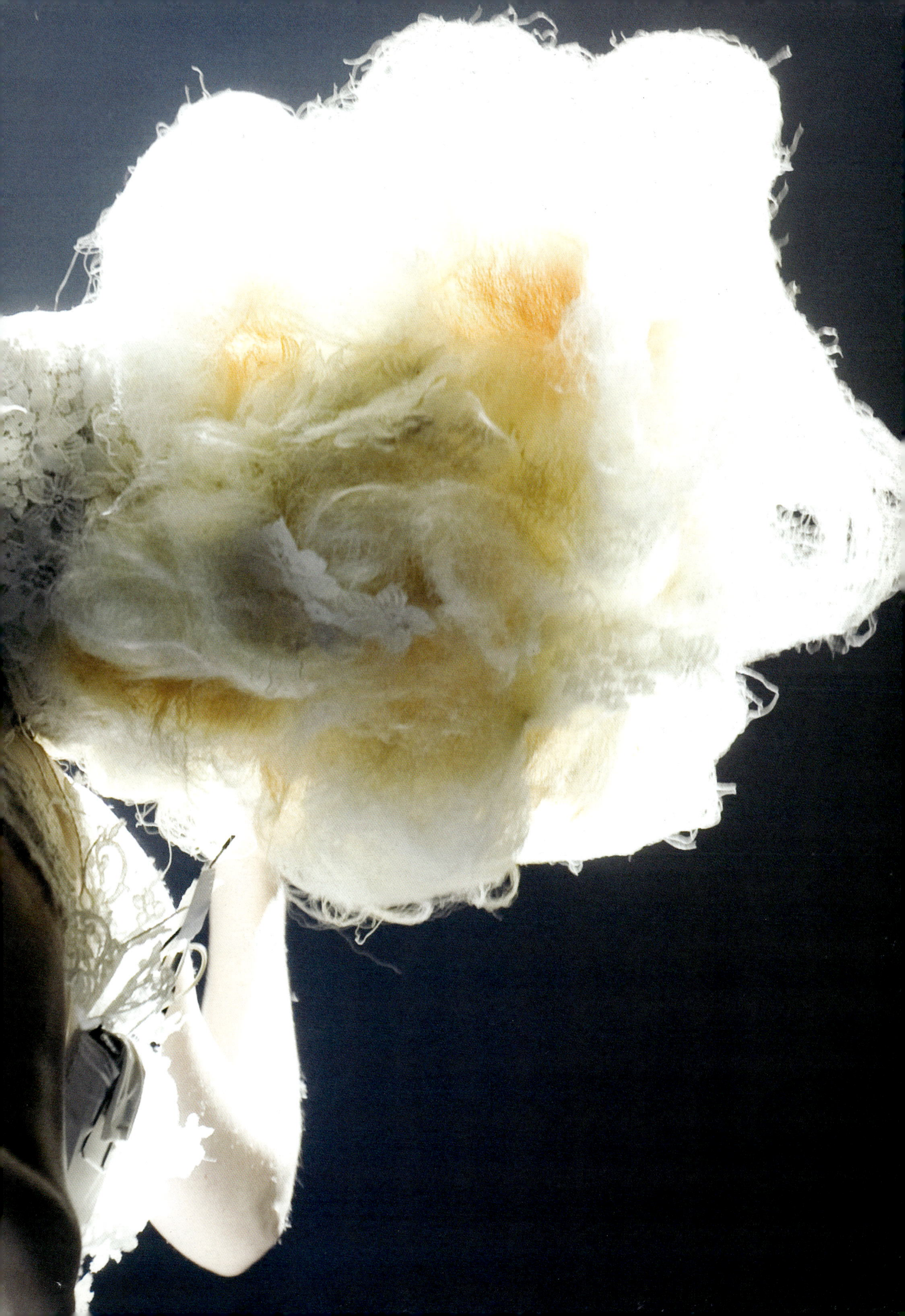

GRAMM

GRAMMY A

GRAMMY A

"

**Não sei sobre o amor, então escrevo sobre nostalgia. Você não pode ter sucesso e amor – então sou casada com a minha arte. Não dou a mínima para o amor!"**

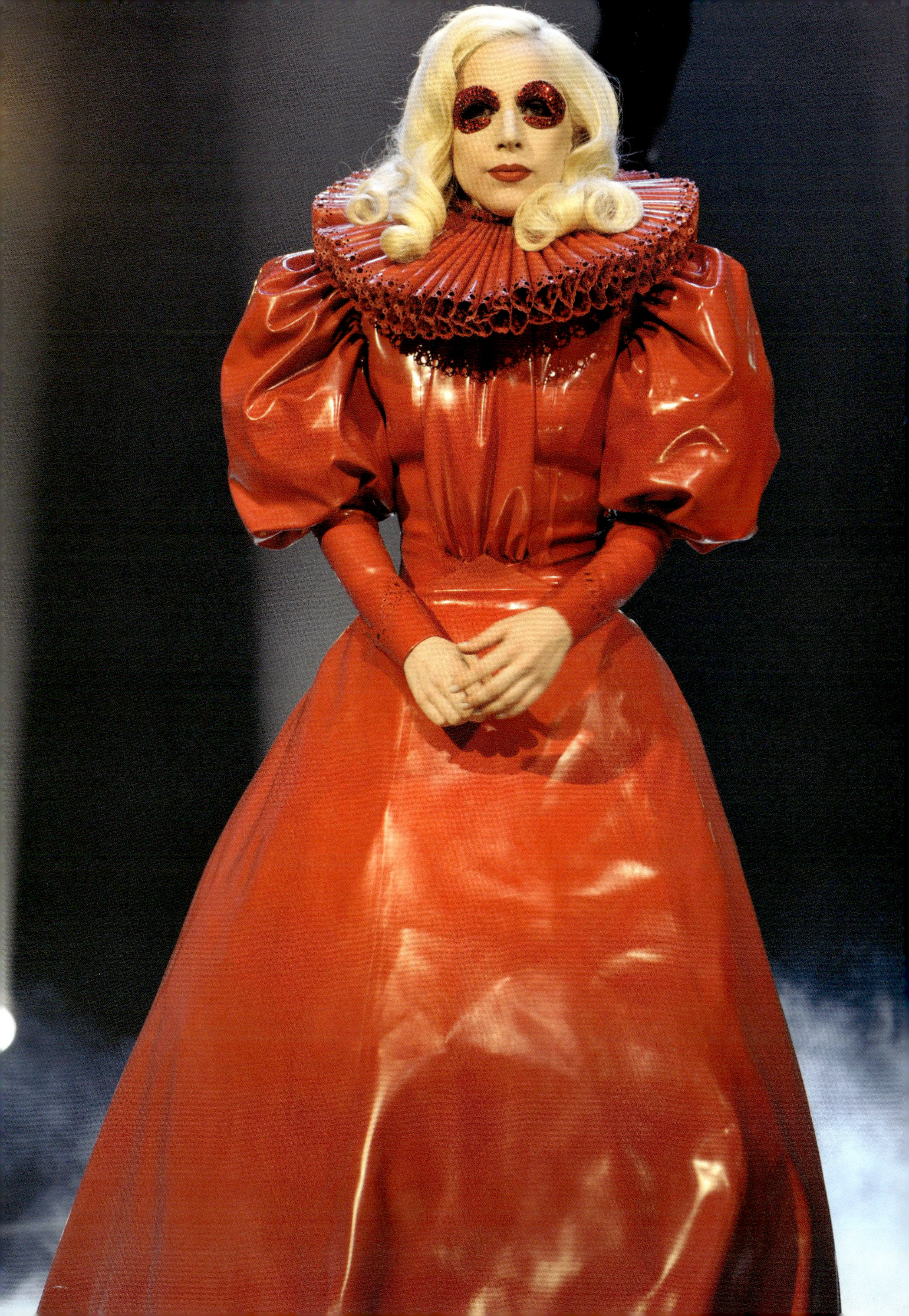

Gaga é bem ambivalente quando se trata de relacionamentos. Em parte, diz ela, o problema é seu estilo de vida – ela não tem tempo para fazer jus a eles. "Não tenho tempo de conhecer ninguém... nem mesmo tenho uma casa – minha casa é a estrada. Não tenho tempo para namorar – minha arte é importante demais. Não sei sobre o amor, então escrevo sobre nostalgia. Você não pode ter sucesso e amor – então sou casada com a minha arte. Não dou a mínima para o amor!"

Mas também há o mesmo medo da intimidade que surge em seu álbum recente. Na *T Magazine*, do *New York Times*, ela falou sobre traição e desconfiança. "Mais do que lidar com a traição, o que é realmente difícil é que tive de deixar meu passado para trás. É difícil saber em quem confiar em sua vida pessoal. Quando você chora à noite, em seu quarto, você nem sempre sabe para quem ligar. Então sou muito próxima da minha família." Sobre esse assunto, ela afirmou à Music News que acha que nunca vai se casar. "Parte de mim adoraria isso tudo, mas grande parte de mim sabe que isso nunca vai acontecer. Acho que não levo jeito para amor e casamento. A música e a minha arte são as maiores coisas na minha vida. Sei que o que quer que aconteça, elas não vão me trair e nunca vão me decepcionar. Os homens quase sempre fazem isso." Essa é uma surpreendente mudança de atitude, considerando que apenas alguns meses antes ela parecia querer isso em algum ponto no futuro. "Em oito ou dez anos, quero ter bebês para o meu pai segurar – os netos. E quero ter um marido que me ame e me apoie, igual todo mundo. Eu nunca deixaria minha carreira por um homem nesse momento, e nunca iria atrás de um homem", disse ela à *Elle*.

Em seu trabalho e em suas entrevistas recentes, as rachaduras definitivamente começaram a surgir em seu artifício cuidadosamente construído. Na primeira noite de sua turnê no Reino Unido – não muito tempo depois de levar três Brits – disseram algo que ela não esperava. Quando apareceu no Manchester's MEN Arena, soube que uma parte do cenário havia desaparecido durante o transporte. O cenário chamado "Mágico de Oz ao estilo nova-iorquino" havia custado £1 milhão. A equipe não conseguiu lhe dar uma explicação satisfatória, então ela ficou incrivelmente furiosa quando descobriu que algumas de suas roupas também foram perdidas. Caixas de suportes e equipamentos ainda estavam chegando às 18h. "Quando o show começou, algumas coisas ainda estavam faltando, mas foi o melhor que puderam fazer", disse um dos presentes.

Alguns relatos sugerem que Gaga ameaçou se opor à *performance* – de acordo com as mesmas fontes, ela não queria se apresentar se o show não pudesse ser perfeito. Seus patrões pensavam de modo diferente; deixar as coisas naquele ponto teria enormes implicações financeiras. "Dali até o final, houve um pânico louco. Gaga estava agindo por si mesma quando soube que metade de seus trajes não haviam chegado e que estavam faltando peças do cenário. Ela gastou cerca de um milhão de libras nesse novo show, então estava furiosa por nada estar no lugar", disse um informante. Ela supostamente compensou isso continuando os ensaios até pouco antes de as portas se abrirem para os fãs.

Apenas dois dias depois, ela chamou atenção novamente – desta vez por, supostamente, desfazer-se em lágrimas durante uma sessão de fotos em topless para a *Q Magazine*. O *Daily Mail* registrou a série de eventos ocorridos. "Nas três horas seguintes, a sessão se inicia lenta, mas dolorosamente, enquanto vários problemas técnicos começam a surgir... Gaga está desorientada, convencida de que a luz faz 'meus olhos parecerem mortos' ou acentua seu 'queixo frágil'... 'Ouça o que estou dizendo', declara Gaga, mais direta e intransigente que artistas pop globais com o dobro de sua idade. 'Eu não gostei da foto.' E logo seu comportamento indomável se dissolve. 'Estou estressada...' Ela então se afasta para o seu vestiário, e aparece minutos depois, chorando e com óculos escuros enormes... Ela diz que precisa ir embora e espera que a sessão possa ser remarcada."

Não é a primeira vez que Gaga discorda dos fotógrafos; com frequência, ela tem atritos de opinião com sua gravadora. "A última coisa que uma jovem precisa é de outra foto de uma pop star sexy, se movimentando na areia, coberta com óleo e se tocando", argumenta ela. "Minha imagem era um problema na minha gravadora. Briguei por meses e gritei nas reuniões. Fui criticada por ser arrogante, porque se você é segura de si mesma, como mulher, eles dizem que você é uma vadia, mas se você é homem e é determinado, é normal."

Nesse exemplo, ela pediu para que Williams, e não um fotógrafo oficial da *Q*, fizesse as fotos. "O comportamento dela foi realmente estranho", disse um dos que estavam na sessão. Ela supostamente disse à equipe da revista que havia odiado as fotos, que a apresenta de topless, de calça preta com tachas pontudas. Conhecendo seu gosto por moda, presumivelmente foi o estilo e não a matéria que a chateou. "Só não estou num momento legal agora", disseram que ela lamentou.

Parece que essa fama – ou A Fama – não é tudo que se propõe a ser. É trabalho duro – fazer turnê, estar longe de amigos e da família por meses de uma vez, fazer *performances* enérgicas à noite, apesar do estado de saúde e do cansaço, viver na estrada e ter cada momento público e muitos momentos privados fotografados, escrutinados e comentados pela mídia. E nem tem a ver com o fato de ter dinheiro para mostrar, diz ela. "Vivo bem aqui, no momento. Vivo no palco. Não tenho casa, não gasto dinheiro com essas coisas. Vivo com uma mala, faço música e arte e gasto cada dólar que ganho no palco – é isso. Não tenho muitos dias de folga." O mais próximo que ela faz de uma concessão é dar a si mesma uma pequena pausa em sua rígida dieta, uma vez por semana. "Mas os domingos costumavam ser o dia em que minha família sempre fazia comida fresca em casa. Então às vezes gosto de me permitir comer o que quero em um domingo. Estou em uma dieta de pop star saudável muito rígida. Não como pão, só vegetais, salada e peixe. De qualquer forma, me alimentar assim é muito melhor, mas no domingo às vezes como massa."

# CONCLUSÃO

Lady Gaga é o exemplo perfeito de uma celebridade moderna. Ela certamente tem talento musical, mas seu verdadeiro segredo está em conseguir olhar para a cultura da celebridade do lado de fora, analisá-la, desconstruí-la e construir-se nessa imagem. Ela passou da quase obscuridade à fama mundial em menos de dois anos – um triunfo de automarketing. Mas, como ela começou a descobrir, a marca da celebridade, que nossa sociedade mais adora, tem um lado negro, e a imprensa que se ocupa com essas mesquinharias tem uma perversidade viciosa quilométrica.

Com toda sua proeminência, na verdade, sabemos relativamente pouco sobre ela. O lado de si mesma que ela apresenta é uma construção, uma personalidade tão cuidadosamente projetada quanto seus trajes de palco e cenários e tão elegantemente afinada quanto sua música. Mas, aqui e ali, conseguimos ter um rápido vislumbre da Gaga verdadeira – talvez o que poderia ser chamado de Stefani Germanotta que ainda está ali, em algum lugar; apesar de tanto afirmar que ela se tornou Gaga, que essa Gaga agora é a sua identidade real, isso não é de todo verdade. Às vezes ela baixa sua guarda; fotos dos paparazzi que a mostram como ela realmente é, de folga no Havaí; explosões ocasionais, quando ela não consegue controlar a pressão e as frustrações que acompanham seu sucesso; letras e música que revelam que ela não compra inteiramente a imagem que ela projeta; comentários sobre solidão, desconfiança e medo de intimidade. Com essas afirmações, ela também reconhece o ar místico que preserva, apesar das intromissões e descobertas dos paparazzi. "Todos sabem como são os meus seios, com quem estou dormindo, como é meu cabelo original e quando estou usando peruca – todas as informações estão aí", disse ela à *Out*. "Mas, de alguma forma, há uma ambiguidade que paira no ar." Se a ambiguidade é a necessidade de descobrir como ela é na realidade, o público provavelmente ficará frustrado; como a crítica musical Ann Powers, do *LA Times*, afirmou: "a divisão entre 'real' e 'falso' parece ter sido fechada. Não porque a busca por autenticidade tenha sido abandonada, mas porque, para artistas como Gaga, o falso tornou-se o que parece mais próximo do real".

Em uma entrevista recente com Barbara Walters, ela falou sobre o que considerava ser o maior equívoco do público a respeito dela: "Que sou artificial e que busco atenção, quando a verdade é que todas as partes de mim são devotadas ao amor e à arte. Sou uma compositora. Sou uma artista performática. Sou filha e irmã". Ela afirmou que aspirava "ser uma professora para os meus jovens fãs que se sentem exatamente como eu me sentia quando era mais jovem. Eu me sentia uma aberração. Acho que o que estou tentando dizer é que quero liberá-los, quero libertá-los de seus medos e fazê-los sentir que podem criar seu próprio espaço no mundo".

O que está claro é que ela está em conflito – ainda assim, como o conflito passa pelo centro da cultura da celebridade, isso dificilmente surpreende. Apenas um exemplo: até que ponto sua música é compreendida. De forma simples, é um material trivial e fabricado, com pouco pode ser diferenciado estilisticamente de uma centena de outros artistas performáticos com o talento e o estilo dela. Mas, ao mesmo tempo, há camadas de significado, ironias sutis que muitos de seus fãs nem percebem – na verdade, muitos deles provavelmente são alvo de algumas brincadeiras nas letras que eles cantam com muito entusiasmo. Mas, diz ela, não importa. Fama é fama. "Descobri que meu trabalho precisa ser profundo e superficial. Todas as minhas canções têm significado, todas as minhas roupas têm uma iconografia embutida. Mas, justamente por isso, é tão especial se você olhar para isso da forma mais superficial. Um rápido momento de melodia, um vestido bonito. As pessoas pensam: "A Gaga é tão bonitinha" ou "A Gaga enche o saco". A questão é que é memorável. Acho que muitas pessoas não entendem isso e... quer saber? Estou bem com isso".

## CONCLUSÃO

O que o futuro reserva para Gaga é completamente incerto. Uma ascensão meteórica para a fama pode, com frequência, ser seguida de uma queda rápida – e geralmente espetacular – para a obscuridade. A fama verdadeira é muito diferente desse tipo de celebridade meteórica. Gaga diz que quer permanecer e fazer música com o mesmo efeito por 25 anos. Talvez ela consiga, mas a palavra final, a decisão, não depende dela. Os fãs e a imprensa decidirão se ela é algo que querem ter por perto ou se é melhor direcioná-la para o caminho em que outras estrelas fabricadas atuam.

Em poucas palavras, ela se adequou ao seu trabalho. Existe um tipo de inflação performática com atos como os dela; o público se cansa com facilidade, e se os críticos acham que ela não está aparecendo com nada novo, então o que era chocante e vanguardista seis meses ou um ano antes se tornará chato. Ela não pode se dar o luxo de se repetir – o próximo álbum precisa ser algo qualitativamente diferente. Como ela reconhece em si mesma: "Toda minha vida é uma *performance*; preciso aumentar as apostas todos os dias".

O próximo álbum está planejado para ser outra colaboração com RedOne. Recentemente, ele disse: "Vamos permanecer juntos e trabalhar no terceiro álbum. Estamos trabalhando a partir de agora até o final do verão. Claro que se ela quiser fazer experimentos com outro produtor ela pode fazer. Como 'Paparazzi'. Não fiz essa canção e ela é imponente. Não é uma coisa de ego. Ela tem recriado a música dance e isso é bom para todos nós". Agora que Gaga tem nome para fazer isso, pode muito bem encontrar outras portas abertas para ela. No passado, ela falou sobre querer trabalhar com alguns de seus ídolos de infância e outros mais recentes. "Adoraria trabalhar com David Bowie, Marilyn Manson, The Scissor Sisters e Mika. São pessoas boas. Adoraria trabalhar com Quentin Tarantino ou como uma estranha diretora de filme pornô, para fazer um curta-metragem legal ou algo assim", disse ela à *Fab Magazine*. E ela pode muito bem realizar seu desejo, já que – considerando seu alto padrão – a troca tende a beneficiar as partes envolvidas mais do que ela mesma.

Tudo que Gaga fizer daqui em diante terá de ser esplêndido. Ela construiu uma carreira ao entender o que faz com que a cultura da celebridade funcione bem e o que exatamente os fãs adoram. Na verdade, ela não apenas entende, mas é devota à ideia; seus fãs a tornaram o que ela é, e ela é grata a eles por isso. "Tenho um guia espiritual, não um terapeuta, mas alguém que, em minha mente, está conectado a um ser superior e que me ajuda muito", afirmou ela à *New York Times Style Magazine*. "O que gosto nele é que ele não fala comigo como se eu fosse uma pessoa comum. Ele entende que tenho uma personalidade e um modo de vida excêntricos. E ele também entende que sou famosa e que gosto disso. Ele me diz que não trabalho mais a minha vida de um jeito comum, como as pessoas trabalham a delas, que preciso produzir o melhor no meu trabalho para o Universo. E, para mim, isso é os meus fãs. Só trabalho para os meus fãs."

Então há boas razões para confiança: Gaga tem talento, estilo e respaldo de grandes nomes da indústria. Ela tem um domínio instintivo do potencial da internet e ocupa um lugar no topo das listas da era digital. No entanto, é um jogo difícil de se jogar, e a fama tem um tempo de vida curto; um passo em falso e as pessoas estão tão prontas para esquecê-lo quanto para venerar outro novo ídolo. Mas Gaga não vai deixar isso ir embora de um jeito fácil; ela trabalhou duro por sua fama e não afrouxará suas garras agora.

Então, fiquem atentos. Gaga é grande e este ano ela vai ficar maior. O que acontecerá depois disso é o que todos querem saber.

# CRÉDITO DAS FOTOS

Rex Features e
Noah Fink/Rex Features
Richard Young/Rex Features
Rotello/MCP/Rex Features
Beretta/Sims/Rex Features
Brian J Ritchie/Hotsauce/Rex Features
Alan Lewis/Rex Features
Brian Rasic/Rex Features
Action Press/Rex Features
Sipa Press/Rex Features
KPA/Zuma/Rex Features
Seth Browarnik/Rex Features
Patsy Lynch/Rex Features
Will Schneider/Rex Features
Matt Baron/BEI/Rex Features
Ken McKay/ITV/Rex Features
Picture Perfect/Rex Features
Jim Smeal/Rex Features
Dave Allocca/Rex Features
James Curley/Rex Features
Paul Grover/Rex Features

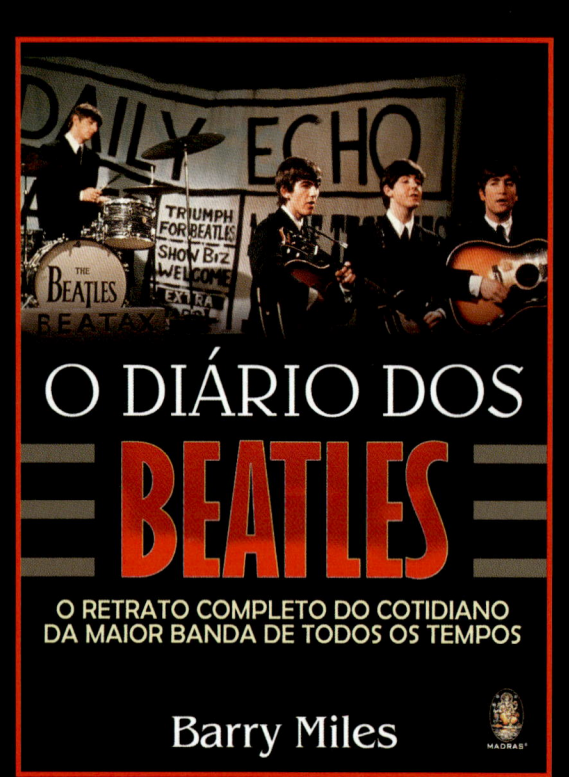

# O Diário dos Beatles

Os Beatles fizeram a cabeça da juventude dos anos 60 e conquistaram o coração de milhares de pessoas. Mas, até hoje, continuam encantando as novas gerações, que curtem as suas músicas e a sua história. *O Diário dos Beatles* é uma obra completa, com a biografia dos músicos e diversas fotos dessa banda inesquecível.

Formato: 20,5x27,5 cm

# Dylan – 100 Canções e Fotos

"De maneira nenhuma escrevi estas canções em um estado meditativo, mas, sim, em um estado de transe, hipnótico. É assim que me sinto! Por que me sinto assim? E quem é este eu que se sente assim? Também não saberia dizer... Mas sei que essas canções estão nos meus genes, e eu não tinha como impedir que se expressassem." Essas são as palavras de Bob Dylan na introdução desse álbum que traz a letra e a partitura de

Formato: 20,5x27,5 cm

## Iron Maiden – Fotografias

Nenhum fotógrafo no mundo tirou mais – ou melhores – fotos do Iron Maiden do que Ross Halfin. Tendo trabalhado com o grupo desde o início, no fim dos anos 1970, ele participou da revolução que levou o Maiden a conquistar o mundo como expoentes da Nova Onda do Heavy Metal Britânico. Esta documentação fotográfica nova, de luxo, traz fotos feitas por Halfin no decorrer de toda a carreira deles, na Europa, na América e em outros lugares; no palco, nos camarins e onde mais eles estiveram. O trabalho conta com o prefácio de um dos fundadores da banda, Steve Harris, e uma introdução do ex-editor da *Sounds* e da *Kerrang!*, Geoff Barton.

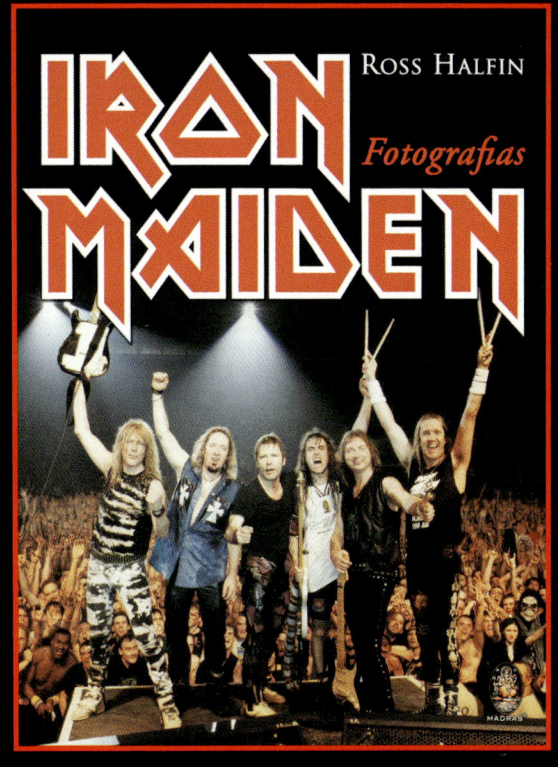

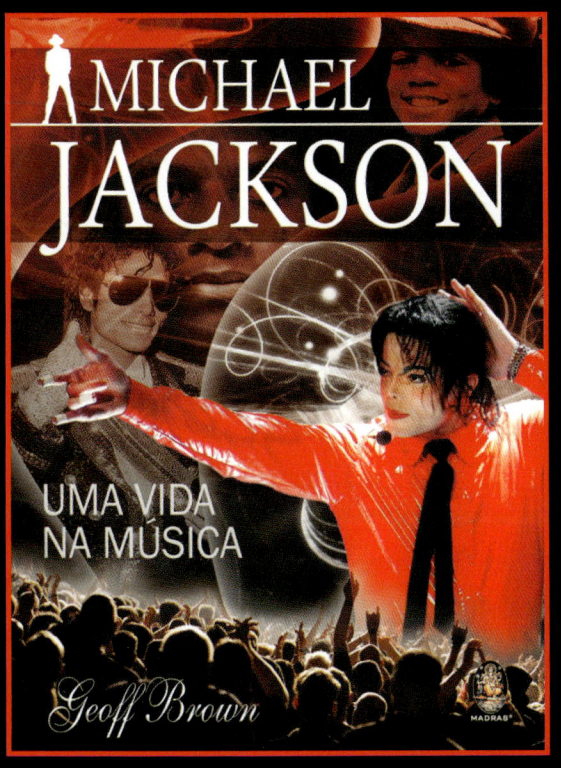

Formato: 20,5x27,5 cm

## Michael Jackson – Uma Vida na Música

Além de um guia completo para fãs das músicas de Michael Jackson, esse livro é uma visão geral e definitiva da carreira singular do inesquecível rei do pop. Álbum por álbum, faixa a faixa, ele examina cada canção lançada pelos Jackson 5, bem como o total dos lançamentos solo de Michael a partir de *Off The Wall* em 1979 até seu último álbum de material original, *Invincible*, em 2001.

Formato: 20,5x27,5 cm

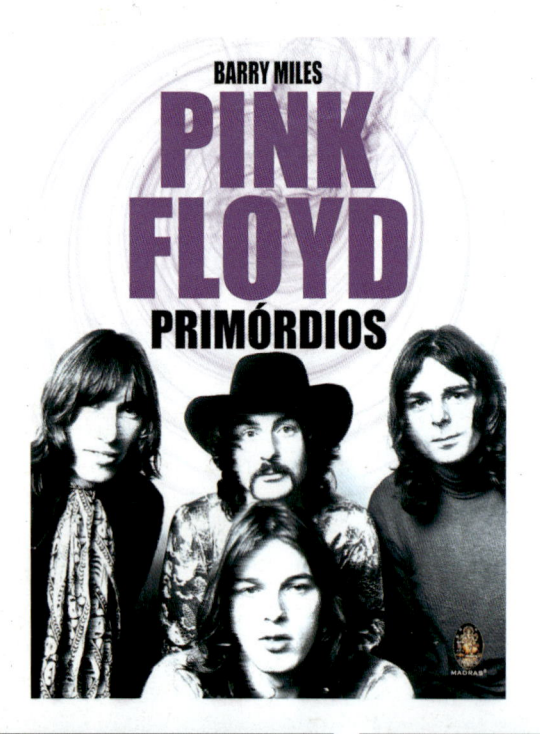

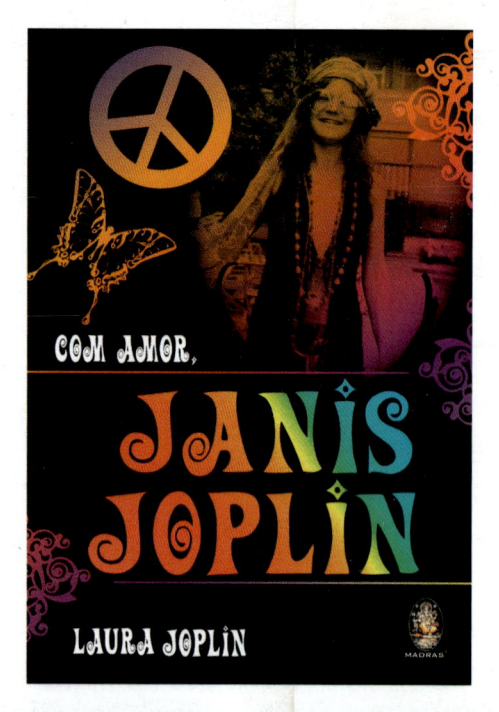

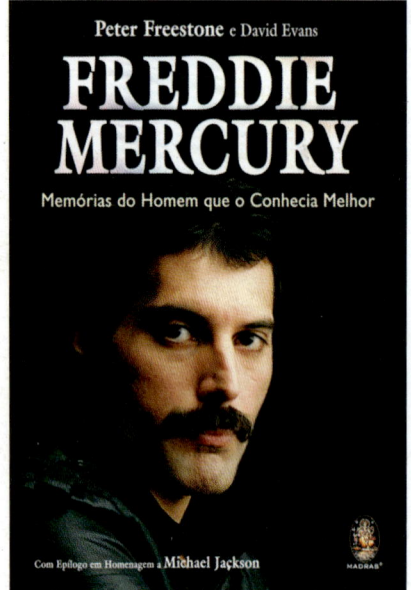

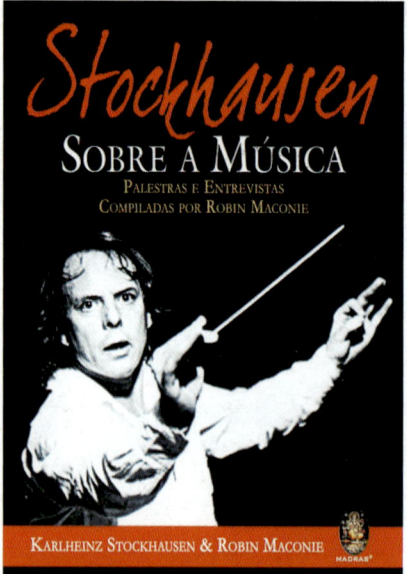

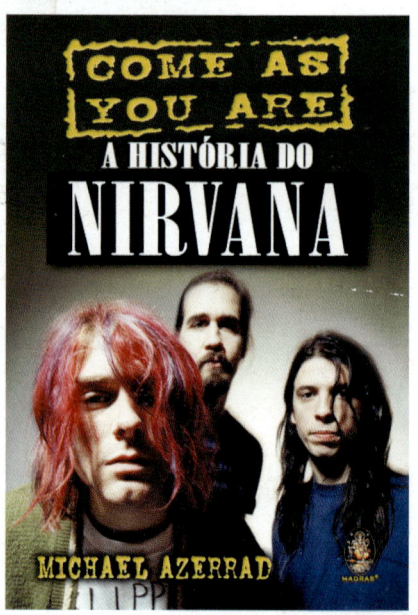

Este livro foi composto em Times New Roman, corpo12/15.
Papel Couche 150g
Impressão e Acabamento
Prol Gráfica — Avenida Juruá, 820 – Barueri – SP – CEP 06455-903
Fone: (11) 3927-8188 — www.prolgrafica.com.br